AF249948

LES SAINT-SIMONIENS

ET

LES CHEMINS DE FER

THÈSE POUR LE DOCTORAT

Présentée et soutenue le lundi 15 Juin 1908, à 2 heures 1/2,

PAR

Maurice WALLON

Président : **M. DESCHAMPS**, *professeur.*

Suffragants : { **M. LESEUR**, *professeur.*
{ **M. PERREAU**, *professeur-adjoint, chargé de cours.*

PARIS

A. PEDONE, Éditeur

13, Rue Soufflot, 13

1908

THÈSE

POUR

LE DOCTORAT

LES SAINT-SIMONIENS

ET

LES CHEMINS DE FER

THÈSE POUR LE DOCTORAT

Présentée et soutenue le lundi 15 Juin 1908, à 2 heures 1/2,

PAR

Maurice WALLON

Président : M. DESCHAMPS, professeur.
Suffragants : { M. LESEUR, professeur.
{ M. PERREAU, professeur-adjoint, chargé de cours.

PARIS

A. PEDONE, Éditeur

13, Rue Soufflot, 13

1908

BIBLIOGRAPHIE

I. — Sur Saint-Simon et sur les Saint-Simoniens.

G. WEILL. — *L'école saint-simonienne, son histoire, son influence jusqu'à nos jours.* Paris, 1896.

SÉBASTIEN CHARLÉTY. — *Histoire du Saint-Simonisme (1825-1864).* Paris, 1896.

G. ISAMBERT. — *Les idées socialistes en France de 1815 à 1848.* Paris, 1905.

ELIE HALÉVY. — *La doctrine économique de Saint-Simon,* (Revue du mois, 10 décembre 1907).

G. WEILL. — *Un précurseur du socialisme. Saint-Simon et son œuvre.* Paris, 1894.

G. HUBBARD. — *Saint-Simon, sa vie et ses travaux.* Paris, 1857.

E. DE WITT. — *Saint-Simon et le système industriel.* Thèse. Paris, 1902.

PAUL JANET. — *Saint-Simon et le Saint-Simonisme.* Paris, 1878.

O. SAGNES. — *Enfantin et la colonisation de l'Algérie.* Thèse. Poitiers, 1904.

LOUIS REYBAUD. — *Études sur les réformateurs,* tome II. Paris, 1848.

THUREAU-DANGIN. — *Histoire de la Monarchie de Juillet,* tome I. Paris, 1884.

MAXIME DU CAMP. — *Souvenirs littéraires,* tome II. Paris, 1892.

HIPPOLYTE CARNOT. — *Sur le Saint-Simonisme* (Lecture faite à l'Académie des Sciences Morales et Politiques). Paris, 1887.

GASTON PINET. — *L'École Polytechnique et les Saint-Simoniens,*

Walles

(*Revue de Paris*, 15 mai 1894). Ou: *Ecrivains et penseurs Polytechniciens*. Paris, 1898.

Gustave Noblemaire. — *Hommes et choses de chemins de fer* (sur *Charles Didion et Paulin Talabot*). Paris, 1905.

Théophraste (Ad. Guéroult). — *Etudes critiques et biographiques : Em. Péreire*. In-8°, Paris, 1856.

Hippolyte Castille. — *Les frères Péreire*. In-32, Paris, 1861.

Notice sur les travaux de MM. Emile et Isaac Péreire. Paris, 1859.

Notice sur les travaux de M. Emile Clapeyron. In-4°, Paris, 1858.

C.-L. — *Arlès-Dufour*. Paris, Guillaumin, 1874.

G. Dugat. — *Notice biographique sur Henri Fournel*. Paris, Gauthier-Villars, 1877.

Jules Simon. — *Notice historique sur la vie et les travaux de Michel Chevalier* (Institut de France.) Paris, 1889.

G. Biard. — *Biographie véridique de M. Michel Chevalier*. In-32, Paris, 1842.

G. Dairnvaell. — *Rothschild Ier, ses valets et son peuple*. In-18, Paris, 1846.

La satire sociale ou vérités sur la civilisation, par Justus et consorts. In-18, Paris, 1846.

Toussenel. — *Les Juifs rois de l'Epoque*. In-8°, Paris, 1845.

L.-G. Michaud et Villenave. — *Histoire du Saint-Simonisme et de la famille Rothschild*. In-8°, Paris, 1847.

Taxile Delord. — *Les troisièmes pages du Journal le Siècle* (sur *Prosper Enfantin*). In-12, Paris, 1861.

II. — Sur les chemins de fer.

A. Picard. — *Les chemins de fer français*, tomes I et II. Paris, 1884.

Audiganne. — *Les chemins de fer aujourd'hui et dans cent ans*, 2 vol. Paris, 1858-1862.

Pardonnet. — *Notions générales sur les chemins de fer.* Paris, 1859.

Thureau-Dangin. — *Histoire de la Monarchie de Juillet,* tomes III, IV, V, VI, VII, Paris 1884-1892.

Ernest Charles. — *Les chemins de fer pendant le règne de Louis-Philippe,* Thèse, Paris, 1896.

P.-C. Laurent de Villedeuil. — *Bibliographie des chemins de fer.* Paris, 1903.

P. de la Gorce. — *Histoire du Second Empire,* tomes I et II. Paris, 1894.

Victor Bois. — *Les chemins de fer français.* Paris, 1853.

A. Demeurs. — *Les chemins de fer français en 1860.* Bruxelles, 1860.

C. Wolters. — *Histoire financière des chemins de fer français et étrangers.* Paris, 1860.

Napoléon III. — *Œuvres,* tome II. Paris, 1866.

Conventions ; Rapports des Compagnies.

Eug. Forcade. — *Institutions de crédit en France. Le Crédit mobilier.* (Revue des Deux-Mondes, 1er mai et 1er juin 1856).

Eug. Boutillier-Cassin. — *Notice sur la Société générale de Crédit Mobilier* (Extrait de la Revue Générale historique). Paris, 1857.

III. — Ecrits des Saint-Simoniens sur les chemins de fer.

Le Producteur (1825-1826).

Le Globe (novembre 1830-avril 1832).

Le National : articles d'Em. Péreire (12, 22, 23 septembre, 21 octobre 1832 ; 16 mars, 1er août, 6 septembre, 2 octobre, 4 novembre 1833 ; 23 janvier 1834 ; 3 avril 1835).

La Revue Encyclopédique (novembre 1831-1835).

Le Crédit (1848-1850).

(On ne trouve aucun article relatif aux chemins de fer dans les deux autres journaux saint-simoniens : *L'Organisateur* (1829-1831), et *La Politique Nouvelle* (1851).

— 4 —

Œuvres de Saint-Simon et d'Enfantin (1), 47 volumes. Paris,
1865-78.

Œuvres complètes de MM. Emile et Isaac Péreire (2).

Exposition de la Doctrine. (1828-1829 et 1829-1830), 2 vol. in-
8°. Paris, Everat, 1830-31.

1828. — MELLET ET HENRY. — *Mémoire sur le chemin de fer de la
Loire, d'Andrézieux à Roanne.* In-8°, Paris, Huzard-Courcier.

1829. — FOURNEL ET MARGERIN. — *De l'influence du chemin de
fer de Gray à Saint-Dizier sur les mines et les forêts de la
Champagne et de la Lorraine.* In-4°, Paris, Marchand-Du-
breuil.

HENRI FOURNEL. — *Mémoire sur le chemin de fer de Gray à
Verdun.* (Publié dans la *Revue Encyclopédique* de février
1832).

1830. — MELLET ET HENRY. — *Rapport sur le tracé du chemin de
fer de la Loire, depuis Roanne jusqu'au chemin de fer de
Saint-Etienne à Andrézieux.* In-4°, Paris, Huzard-Courcier ;
ou in-8°, Paris, Chassaignon.

1832. — *Religion saint-simonienne. Feuilles populaires* :

Progrès des communications entre les peuples, par Surbled ;

Aperçu des vues morales et industrielles des Saint-Simoniens,
par Gustave Biard ;

*Au peuple, aux Chambres, à la Presse sur leurs devoirs réci-
proques pendant la session,* par Gustave Biard ;

Organisation industrielle de l'armée, par Michel Chevalier ;

L'armée, la concurrence, par Ch. Béranger ;

La Vendée, la Presse, par Ch. Lemonnier ;

Les Saint-Simoniens !!!, par Ch Lemonnier;

La guerre et l'industrie. Grands travaux à établir ;
Un bon gouvernement ;
Sujet de méditation pour les peuples et pour les rois ;
Le chant du travail ;
Etc., etc...

MICHEL CHEVALIER. — *Politique industrielle. Système de la Méditerranée.* (Extrait du *Globe*). In-8°, Paris, Everat.

LAMÉ ET CLAPEYRON. — *Utilité des chemins de fer pour la défense du territoire* (Compte-rendu trimestriel de l'Association Polytechnique, juillet 1832).

LAMÉ, CLAPEYRON, STÉPHANE ET EUGÈNE FLACHAT. — *Vues politiques et pratiques sur les travaux publics en France.* In-8°, Paris, Everat.

1833. — HENRI FOURNEL. — *Bibliographie saint-simonienne.* In-8°. Paris, Johanneau.

HENRI FOURNEL. — *Du chemin de fer du Havre à Marseille par la vallée de la Marne.* In-8°, Paris, Johanneau.

1834. — CH. LEMONNIER. — *Présent et avenir.* In-8°, Toulouse, Escudier.

1836. — MICHEL CHEVALIER. — *Lettres sur l'Amérique du Nord,* 2 vol. in-8°. Paris, Gosselin.

1838. — MICHEL CHEVALIER. — *Des intérêts matériels en France.* In-8°, Paris, Gosselin.

MICHEL CHEVALIER. — *Des chemins de fer comparés aux lignes navigables* (Revue des Deux-Mondes, 15 mars 1838) ; *Du réseau des chemins de fer tel qu'il pourrait être établi aujourd'hui en France* (Ibid., 15 avril 1838).

1839. — EUG. FLACHAT ET J. PETIET. *Projet d'un chemin de fer de Metz à Sarrebruck.* In-8°, Paris, Mathias.

1840. — EUG. FLACHAT ET J. PETIET. — *Guide du mécanicien-conducteur de machines locomotives.* In-12, Paris, Mathias.

FÉLIX TOURNEUX. — *Chemins de fer. Du concours de l'État.* In-8°, Paris, Carilian-Gœury.

1841. — Michel Chevalier. — *Lettres sur l'inauguration du chemin de fer de Strasbourg à Bâle.* In-8°, Paris, Gosselin.

Michel Chevalier. — *Histoire et description des voies de communication aux Etats-Unis,* 2 vol. in-4°. Paris, Gosselin.

1842. — Michel Chevalier. — *Cours d'économie politique* (année 1841-42). In-8°, Paris, Gosselin.

P. Talabot et Ch. Didion. — *Chemin de fer de Marseille au Rhône. Tracé par la vallée du Rhône* (Exposé pour le Conseil des Ponts et Chaussées). In-8°, Paris, Renouard.

Emile Péreire. — *Lettre à M. le Ministre des travaux publics sur le projet de loi des chemins de fer.* In-4°, Paris, Dupont

1843. — Ch. Duveyrier. — *Lettres politiques,* tome II. In-8°, Paris, Amyot.

Michel Chevalier. — *Essais de politique industrielle.* In-8°, Paris, Gosselin.

1844. — Michel Chevalier. — *Cours d'économie politique* (année 1842-43). In-8°, Paris, Capelle.

Félix Tourneux. — *Encyclopédie des chemins de fer et des machines à vapeur.* In-12, Paris, Mathias.

1844. — Ad. Jullien. — *Du prix des transports sur les chemins de fer de la Belgique en 1842 et 1843.* (Extrait des *Annales des Ponts et Chaussées*). Paris.

1845. — Ad. Jullien. — *Notes diverses sur les chemins de fer en Angleterre, en Belgique et en France.* (Extrait des *Annales des Ponts et Chaussées,* mars et avril 1845). In-8°, Paris, Carilian-Gœury.

1847. — Aug. Chevalier. — *Mémoire sur l'exploitation des chemins de fer anglais.* (Extrait des *Annales des Mines*). Paris.

1848. — Michel Chevalier. — *Lettres sur l'organisation du travail.* In-18, Paris, Capelle.

Michel Chevalier. — *Statistique des travaux publics sous la monarchie de 1830.* (Extrait du *Journal des Economistes,* octobre 1848).

1849 (Juillet). — *Achèvement du réseau des chemins de fer.*

Organisation financière et industrielle des travaux d'utilité publique. (Sans nom d'auteur ; mais cette brochure était de P. TALABOT). In-8°, Paris.

1852. — MICHEL CHEVALIER. — *Chemins de fer* (Extrait du *Dictionnaire de l'Economie politique*). In-18, Paris, Guillaumin.

1854. — EUG. FLACHAT ET ED. BRAME. — *Chemin de fer de jonction des Halles Centrales avec le chemin de fer de Ceinture.* In-8°, Revue municipale, Paris.

1855-58. — MICHEL CHEVALIER. — *Cours d'économie politique,* tomes I et II. In-8°, Paris, Capelle.

1857. — EM. BARRAULT. — *La Russie et ses chemins de fer* (Extrait de la *Revue des Deux-Mondes,* du 1ᵉʳ mai 1857). In-8°, Paris.

EM. BARRAULT. — *Le chemin de fer du Nord en Espagne.* In-18, Paris, Plon.

EM. BARRAULT. — *Note sur le chemin de fer de Constantinople à Bassora, par Alexandrette.*

1858. — EUG. FLACHAT. — *Les charbonnages français, la batellerie, les chemins de fer.* In-8°, Paris, Jouaust.

1859. — EUG. FLACHAT. — *De la situation des chemins de fer.* In-8°, Neuilly, Guiraudet.

EUG. FLACHAT. *Les chemins de fer, les charbonnages, les différentiels.* In-8°, Neuilly, Guiraudet.

EUG FLACHAT, PETIET, LE CHATELIER, PELONCEAU. — *Guide du mécanicien, constructeur et conducteur de machines locomotives,* 2 vol. in-8°. Paris, Dupont.

EUG. FLACHAT. — *De la traversée des Alpes par un chemin de fer.* (Extrait des *Mémoires de la Société des Ingénieurs civils*). In-8°, Neuilly, Guiraudet.

1860. — EUG. FLACHAT. — *De la traversée des Alpes par un chemin de fer. Développements. (Etude du passage par le Simplon).* In-8°, Neuilly, Guiraudet.

STÉPHANE MONY (FLACHAT). — *Note sur le complément des voies de communication dans le centre de la France.* Paris.

1863. — Eug. Flachat. — *Les chemins de fer en 1862 et 1863*. In-8°, Paris, Hachette.

Eug. Flachat. — *Chemins de fer. Questions de tracé et d'exploitation*. (Extrait des *Mémoires de la Société des Ingénieurs civils*). In-8°, Paris, Lacroix.

Michel Chevalier et Ad. Moreau. — *Rapport d'une enquête sur l'exploitation et la construction des chemins de fer*. Gr. in-4°, Paris, Imprimerie Impériale.

1864. — Eug. Flachat. — *Etude sur l'usure et le renouvellement des rails*. (Extrait des *Mémoires de la Société des Ingénieurs civils*). In-8°, Paris, Lacroix.

1868. — Michel Chevalier. — *Observations présentées au Sénat sur des projets de loi relatifs aux chemins de fer (10 juillet 1868)*. In-8°, Paris, Lahure.

Michel Chevalier. — *Rapport au Sénat sur le projet de loi relatif au chemin de fer du Midi (21 juillet 1868)*. In-8°, Paris, Lahure.

1873. — Michel Chevalier. — *Les chemins de fer d'intérêt local et les conseils généraux* (Rapport au Conseil général de l'Hérault). In-16, Rouen, Lapierre.

1879. — Isaac Péreire. — *La question des chemins de fer*. In-8°, Paris, Motteroy.

(Ces ouvrages sont soit à la Bibliothèque Nationale, soit à l'Arsenal).

A la Bibliothèque de l'Arsenal, — où nos recherches ont été facilitées grâce à une grande complaisance, pour laquelle nous exprimons ici tous nos remerciements —, se trouvent tous les livres et tous les papiers d'Enfantin, ainsi que de nombreuses pièces données par M. G. d'Eichtal.

Les manuscrits les plus intéressants concernant les chemins de fer sont renfermés dans les cartons suivants :

7.609 : Correspondance du *Globe* (Ecole Polytechnique) ;

7.613 : Journal de l'Algérie. 1840 à 1844. (Lettres) ;

7.615-7.616 ; 7.628 ; 7.663-7.665 ; 7.682-7.687 : Correspondance d'Enfantin avec Arlès-Dufour ;

7.617 : Correspondance de Paris, relative aux chemins de fer. 1844-1851 ;

7.630 ; 7.647 ; 7.662 ; 7.666 ; 7.671 ; 7.678 ; 7.692 ; 7.699 : Correspondance d'Enfantin avec ceux de ses amis qui s'occupaient de chemins de fer ;

7.655 : Diverses notes écrites par Enfantin ;

7.841-7.848 : Chemins de fer ;

7.861, Br. 5 : Feuilles de propagande distribuées dans les rues.

Enfin, M. le Bâtonnier Du Buit ; M. Eugène d'Eichtal, de l'Institut; M. le baron de Nervo, Vice-président du Conseil d'administration de la Compagnie P.-L.-M., et neveu de M. P. Talabot; et M. Alfred Péreire ont bien voulu soit nous aider de leurs souvenirs, soit nous autoriser à consulter leurs papiers de famille et leurs riches bibliothèques ; nous sommes heureux de leur en exprimer ici toute notre reconnaissance.

INTRODUCTION

La division, devenue classique, des doctrines socialistes
en socialisme utopique et en socialisme scientifique, — celui-ci embrassant presque toutes les théories émises depuis
1848, et celui-là toutes celles antérieures à cette époque —,
peut donner à croire que le Saint-Simonisme, par cela
même qu'il appartient à la phase dite utopique, ne fut
qu'une doctrine idéaliste, sortie toute construite du cerveau
d'un rêveur, et sans rapport aucun avec la réalité et les
faits. Ce serait là une erreur. Car de tous les systèmes socialistes, le Saint-Simonisme est peut-être le seul qui
ait rendu service à l'humanité, en amenant une amélioration fort importante dans la condition des hommes et en
facilitant leurs relations. Tandis que les socialistes contemporains ne savent que donner des plans irréalisables de la
société future, — quand ils consentent à en donner, ce qui
est déjà assez rare —, ou provoquer des luttes de classes
désastreuses pour le pays, Saint-Simon et ses disciples
ont su, par la place qu'ils ont faite dans leur doctrine à
l'exécution des grands travaux publics, entraîner des savants, des ingénieurs et des financiers à se lancer dans des
entreprises considérées à cette époque comme hasardeuses.

Les chemins de fer occupent aujourd'hui le premier rang

parmi les moyens de communication; or ce sont les Saint-Simoniens qui, par leurs écrits et par leur exemple, ont, pour une large part, fait naître et prospérer en France l'industrie des chemins de fer.

Et Enfantin aurait pu répéter à leur sujet les paroles qu'il avait un jour prononcées à propos du canal de Suez: « Sans doute, il sera bon et juste que l'on sache dans l'avenir que l'initiative de cette réalisation gigantesque a été prise par ceux-là mêmes en qui le vieux monde ne voulut voir d'abord que des utopistes, des rêveurs, des fous; mais rapportez-vous en à l'histoire pour cela ». (1)

Je ne sais si, en ce qui concerne le canal de Suez, l'histoire s'est montrée tout à fait digne de la confiance qu'Enfantin lui témoignait : car tous ceux qui connaissent le nom de de Lesseps, savent-ils que l'idée première du canal de Suez revient aux Saint-Simoniens, que ce sont leurs ingénieurs qui en ont fait les premières études et tracé les premiers plans, et que celui que la gloire a couronné pour avoir mené à bien cette difficile entreprise, commença par employer ses qualités diplomatiques à éliminer Enfantin et ses disciples, avant de consacrer son habileté à réaliser leurs projets?

En tout cas, le rôle joué par les Saint-Simoniens en matière de chemins de fer est encore aujourd'hui peu connu ; c'est précisément ce rôle que nous nous proposons de mettre en lumière dans cette étude.

Nous commencerons par résumer les idées de Saint-Simon sur l'industrie et sur les grands travaux publics, car on peut y trouver l'origine des théories professées par ses disciples. Nous étudierons ensuite l'importance prise dans

____

(1) *Œuvres*, t. XII, p. 247.

leur doctrine par l'exécution des grands travaux publics, afin de nous rendre compte de l'influence que cette doctrine a pu exercer sur des ingénieurs et des financiers.

Puis nous passerons en revue les divers écrits des Saint-Simoniens sur les chemins de fer, et apprécierons le mouvement d'opinion qu'ils sont arrivés à créer et la part qu'ils ont prise à l'élaboration du réseau. Il nous restera alors à voir ces ingénieurs et ces financiers à l'œuvre, prêtant leur concours à la plupart des entreprises fondées et assurant, par leur impulsion, le succès de cette industrie et, par leur collaboration, l'exécution du réseau français.

Cette étude s'arrêtera à l'année 1859: d'une part, en effet, c'est une date importante dans l'histoire des chemins de fer, puisque c'est à cette époque que furent conclues les conventions de Franqueville, qui réglèrent la situation des compagnies. D'autre part, en 1859, il n'y a plus, à proprement parler, d'école saint-simonienne ; sans doute, il reste encore quelques disciples, et même des plus notables, mais la mort les décime peu à peu ; et dès 1864 ils voient mourir leur ancien chef, Enfantin.

PREMIÈRE PARTIE
L'élaboration du réseau

———

CHAPITRE PREMIER

La vie et la doctrine économique de Saint-Simon.

Saint-Simon et les voies de communication. — Ses relations avec
l'Ecole Polytechnique et les savants. — Sa doctrine économique.

———

Claude-Henry de Rouvroy, comte de Saint-Simon, débuta dans la carrière des armes : c'était en 1777 ; il avait alors 17 ans. En 1779, il partit pour l'Amérique combattre en faveur de l'indépendance des colonies anglaises. Il se battit bien ; mais, comme il l'avoue lui-même, la guerre l'intéressait peu et il se sentait plus d'inclinations pour les travaux pacifiques. Aussi, profite-t-il de son séjour en Amérique pour proposer au vice-roi du Mexique d'établir entre les deux mers une communication, qui était possible, disait-il, « en rendant navigable la rivière *in partido*, dont une bouche verse dans notre Océan, tandis que l'autre se décharge dans la mer du Sud » (1). Ce projet est accueilli assez froidement, ce qui peut, sans doute, s'expliquer par

———

(1) *Œuvres*, t. I, p. 64.

ce fait que la rivière *in partido*, premier élément du canal proposé, n'a jamais existé que dans l'imagination de Saint-Simon.

Il rentre alors en France, quitte peu après le métier militaire, et, après avoir suivi les leçons de Monge à Metz, se met à voyager. Il parcourt d'abord la Hollande, puis se rend en Espagne, où le gouvernement avait entrepris de faire communiquer Madrid avec la mer; mais, faute d'ouvriers et d'argent, ce travail n'avançait pas. Saint-Simon se concerte aussitôt avec un financier célèbre, le comte de Cabarrus, en vue de mener à bien cette entreprise : celui-ci fournira les fonds nécessaires ; Saint-Simon lèvera une légion de six mille hommes, composée d'étrangers, qui exécutera les travaux du canal. Ce projet n'ayant pas été accepté, Saint-Simon gagne l'Andalousie, où il fonde une entreprise de messageries, donnant ainsi un nouveau témoignage de l'intérêt qu'il portait aux entreprises de transport et aux moyens de communication.

Vient la Révolution de 1789; Saint-Simon s'associe avec un diplomate prussien, le comte de Redern, et s'enrichit en spéculant sur les biens nationaux; ce n'est pas qu'il voulut gagner de l'argent par pure avidité, mais, comme il l'écrira dans son autobiographie : « Je désirais la fortune seulement comme moyen : ...Contribuer aux progrès des lumières et à l'amélioration du sort de l'humanité ; tels étaient les véritables objets de mon ambition » (1).

Il s'imagine, en effet, qu'il a une mission sociale à remplir ; et, persuadé que, pour s'en bien acquitter, il lui faudra des connaissances scientifiques, il décide d'étudier les sciences « physico-mathématiques ».

______

(1) *Œuvres*, t. I, p. 66.

Il s'installe alors en face de l'Ecole Polytechnique et en suit les cours pendant trois ans. Puis, convaincu que « les savants sont appelés à être les chefs des peuples », il se dit qu'il ne suffit pas de connaître la science, mais qu'il est non moins utile de connaître les savants. Dès lors, il organise à ses frais des cours gratuits sur les matières enseignées à l'Ecole Polytechnique, encourage les jeunes gens, s'entoure de savants et ouvre un salon « où il veut élaborer la philosophie des sciences en voyant vivre sous ses yeux la tête de l'humanité ».

Cette idée de la prédominance des savants, on la retrouve dans ses *Lettres d'un habitant de Genève*, publiées en 1802; il y soutient que « le Gouvernement appartient de droit à ceux qui savent » ; il voudrait voir la direction de l'humanité confiée à une réunion de savants, qui, sous le nom de « Conseil de Newton », se réuniraient autour du tombeau de ce grand homme pour prédire ce qui est utile, après avoir interrogé les faits.

Quant à lui, Saint-Simon, il n'a qu' « une passion, celle de pacifier l'Europe ; qu'une idée, celle de réorganiser la société européenne » ; et en 1814 il publie un écrit sur ce sujet : *Réorganisation de la société européenne*.

Désormais la théorie qu'il va présenter, développer et soutenir, ne va plus varier : que l'on parcourre ses cahiers sur l'*Industrie* ou son ouvrage sur la *Politique*, ses *Opinions littéraires, philosophiques et industrielles* ou son *Catéchisme des Industriels*, son *Système industriel* ou l'*Organisateur*, c'est toujours la même idée que l'on retrouve : « Une nation n'est qu'une grande société d'industrie » (1) et « la société est l'ensemble et l'union des hommes livrés à

---

(1) Saint-Simon, *L'Industrie*, p. 35.

des travaux utiles ». Par conséquent, « le but unique où doivent tendre toutes les pensées et tous les efforts, c'est l'organisation la plus favorable à l'industrie ». Et il résume toute cette théorie en cette phrase qu'il inscrit en exergue sur son *Catéchisme des Industriels* : Tout par l'industrie; tout pour elle ».

L'intérêt des gouvernants ainsi que des gouvernés, c'est d' « accroître l'importance politique des industriels ». La mission que Saint-Simon a reçue, c'est précisément « de faire sortir les pouvoirs politiques des mains du clergé, de la noblesse et de l'ordre judiciaire pour les faire entrer dans celles des industriels » (1). Le devoir du roi est de remettre le pouvoir aux mains de la « classe industrielle », qui « est la classe fondamentale, la classe nourricière de la société » (2); le devoir des industriels est de réclamer le pouvoir au roi.

Les seuls hommes utiles, ce sont : les savants, chargés de découvrir les lois de l'exploitation du globe; les industriels, chargés de l'administration; et les artistes, chargés d'éclairer la marche ou de la hâter, grâce à leur inspiration ou à leur intuition. C'est même pour avoir poussé un peu loin cette idée, en représentant que la perte de cette élite de savants, d'industriels et d'artistes serait plus préjudiciable à la France que la mort de toute la famille royale et des principaux dignitaires du royaume, que Saint-Simon se voit traduit en cour d'assises.

La représentation nationale devrait être réorganisée sur ces nouvelles bases; on créerait un Parlement souverain, comprenant trois Chambres: la première, dite « Chambre

---

(1) Saint-Simon, *Système industriel*, p. 167.
(2) *Œuvres*, t. III, p. 197.

d'invention », serait composée principalement d'artistes, qui « ouvriraient la marche, proclameraient l'avenir de l'espèce humaine »; la seconde serait la « Chambre d'examen », où les savants « établiraient les lois hygiéniques du corps social »; enfin, la troisième, ou « Chambre d'exécution », comprendrait des industriels, qui, « rapportant les idées à la production, jugeraient ce qu'il y a d'immédiatement praticable dans les projets d'utilité publique conçus et élaborés de concert par les savants et les artistes » (1).

C'est le « succès de cette sainte entreprise » qu'il faut poursuivre: à cet effet, il faut utiliser tous les concours, et surtout celui de la royauté: le roi des Français peut devenir « le premier industriel de France et du monde entier ».

Telles sont, brièvement résumées, les idées les plus importantes, à notre point de vue, que contiennent les ouvrages de Saint-Simon. Sans doute, il n'est nulle part question de chemins de fer dans ses écrits: comment en serait-il autrement à une époque où personne ne parlait encore de cette industrie ?

Mais par le rôle joué dans sa vie par les travaux publics, par la place prépondérante faite dans ses œuvres à l'industrie, par la prédominance qu'il veut assurer aux savants et aux industriels, enfin par l'assurance qu'il donne que « l'objet de l'association politique des Français est de prospérer par des travaux pacifiques, d'une utilité positive » (2), Saint-

---

(1) Saint-Simon, *L'Organisateur*, p. 54. Sur la doctrine économique de Saint-Simon, voy. l'article de M. Elie Halévy dans la *Revue du Mois* du 10 décembre 1907.

(2) *Œuvres*, t. XXII, p. 17.

Simon a suscité chez ses disciples l'idée de donner la première place à l'industrie et aux travaux publics, donc plus tard aux chemins de fer, dans la doctrine qu'ils allaient édifier d'après les écrits du maître.

CHAPITRE II

Le " Producteur ". — L'École saint-simonienne.

Quand il mourut, au mois de mai 1825, Saint-Simon projetait de fonder avec quelques amis un journal de propagande, *le Producteur.*

Ces disciples avaient pour chef un ancien répétiteur de mathématiques à l'Ecole Polytechnique, devenu banquier, Olinde Rodrigues. A ces quelques amis de Saint-Simon vint se joindre, le lendemain des funérailles, un jeune homme, fils de banquier et placé lui-même dans une maison de banque, Barthélemy-Prosper Enfantin. Ancien élève de l'Ecole Polytechnique, il revenait de Saint-Pétersbourg, où il s'était trouvé en relations avec une douzaine d'anciens Polytechniciens, dont plusieurs vont se rallier par la suite à la nouvelle doctrine et jouer comme ingénieurs un grand rôle dans les entreprises de chemins de fer : parmi eux se trouvaient Lamé et Clapeyron. Presqu'en même temps, le petit groupe des disciples s'enrichit d'une nouvelle recrue : Saint-Amand Bazard.

Décidés à mettre à exécution le dernier projet du maître,

ils fondèrent une société pour publier le journal annoncé:
Le Producteur; on pouvait remarquer sur la liste des sous-
cripteurs trois noms qui vont devenir célèbres : Mellet,
Emile et Isaac Péreire.

La rédaction du journal fut confiée à un ancien conspira-
teur, Cerclet, qui la quitta bientôt, et devint par la suite
maître des requêtes au Conseil d'Etat et membre de la
commission des chemins de fer en 1837.

*Le Producteur, journal de l'Industrie, des Sciences et
des Beaux-Arts,* portait en tête cette épigraphe, tirée des
Opinions littéraires et philosophiques de Saint-Simon :
« L'âge d'or, qu'une aveugle tradition a placé jusqu'ici dans
le passé, est devant nous ». Un prospectus renseignait les
futurs lecteurs sur le programme du *Producteur.* « Ce journal, y lisait-on, aura pour but le plus grand développement
possible de la production... Il cherchera à déterminer
l'union des savants, des industriels et des artistes », union
qui « seule peut tirer la société de l'état de crise où elle se
trouve, en assurant le triomphe définitif du travail sur l'oi-
siveté, et des capacités positives sur les connaissances va-
gues et sur les capacités de convention » (1). L'introduction précisait l'œuvre poursuivie : « Le journal que nous
annonçons a pour but de développer et de répandre les
principes d'une philosophie nouvelle. Cette philosophie,
basée sur une nouvelle conception de la nature humaine,
reconnaît que la destination de l'espèce sur ce globe est d'exploiter et de modifier à son plus grand avantage la nature
extérieure; que ses moyens pour arriver à ce but correspon-
dent aux trois ordres de facultés physiques, intellectuelles et
morales qui constituent l'homme ; enfin, que ses travaux

____

(1) *Le Producteur.* Prospectus, p. 3 et 4.

dans cette direction suivent une progression toujours croissante... parce que des notions toujours plus exactes de sa destination et de ses forces la conduisent à améliorer incessamment l'association, un des moyens les plus puissants ».

Donc l'avenir est à « l'état industriel » et à l'association. Aussi, est-ce à celle-ci qu'est consacré le premier article du *Producteur :* on y expose l'organisation d'une institution nouvelle, dont la création est jugée absolument nécessaire. la « société commanditaire de l'industrie ». On peut y voir la première idée du célèbre *Crédit mobilier*, fondé en 1852 par les frères Péreire. Le but de la société, décrite par le *Producteur*, sera « de commanditer les entreprises industrielles de tout genre qui auraient pour objet l'amélioration soit d'une branche d'industrie commerciale, agricole ou manufacturière, soit, dans chaque branche, le perfectionnement des procédés ou des machines » (1).

Après avoir indiqué quelle serait l'organisation de cette banque, le journal met en lumière tous les avantages de l'association, et particulièrement de la commandite par actions.

Il définit ensuite le rôle nouveau que les banquiers vont être appelés à jouer: servir d'intermédiaires entre les industriels qui demandent des capitaux, et les capitalistes qui en offrent.

Tout ce qui intéresse l'industrie est étudié par le *Producteur ;* aussi l'invention de Watt attire-t-elle son attention. et un article est aussitôt consacré à étudier « l'influence des machines à vapeur sur la prospérité publique ». Son auteur, A. Blanqui. conclut ainsi : « Que les Français se hâ-

---

(1) *Ibid.*, t. I, p. 11.

lent de partager avec les Anglais l'héritage de Watt et l'aspect de la France sera changé » (1).

Dès 1825, le *Producteur* est amené à parler des chemins de fer, qui, pourtant, étaient encore à cette époque dans l'enfance de l'art.

A. Blanqui constate dans un article sur un « Voyage philosophique et industriel dans le département du Var », que l'on y « parle beaucoup des machines à vapeur et des routes en fer de l'Angleterre » (2). Cette invention, venue de Grande-Bretagne, avait, en effet, reçu une première application en 1823 entre Andrézieux et Saint-Etienne ; la construction d'un chemin à rails en bois pour le transport des marchandises avait alors été autorisée ; mais il ne semble pas que cette tentative ait eu en France un grand retentissement.

La question des chemins de fer est traitée plus sérieusement en 1826 par J.-J. Dubochet dans un article du *Producteur* intitulé : « Les routes à ornières en fer, comparées avec les canaux et les routes ordinaires ». L'auteur y faisait preuve d'une justesse de vues extraordinaire pour cette époque et on peut relever dans son article des passages fort intéressants : « De tous les grands objets qui occupent en ce moment l'attention et le génie des Anglais, écrivait-il, il en est peu qui promettent des avantages plus généraux que l'établissement d'un système de communications intérieures, par le moyen de routes à ornières de fer et l'emploi de machines à vapeur mobiles, comme force motrice des charriots ou des voitures adaptées à ces routes ».

Il voit dans cette invention « une source vierge et abon-

---

(1) *Ibid.*, t. I, p. 23.
(2) *Ibid.*, t. I, p. 389.

dante de richesses et d'amélioration sociale. Sous le point de vue économique, la supériorité des chemins à ornières sur les routes ordinaires et sur les canaux a été pleinement démontrée. Les industriels y ont vu un moyen de transport pour les produits du sol et des manufactures, et même pour les voyageurs, à la fois moins coûteux, plus rapide et plus sûr que tous ceux employés jusqu'à ce jour » (1).

Et, après avoir décrit ces chemins à ornières, et avoir exposé leurs avantages sous le point de vue de l'économie dans le coût d'établissement et de la vitesse, Dubochet reprend cette idée, peu répandue en 1826, que l'on pourrait s'en servir dans l'avenir pour le transport des voyageurs. « La supériorité bien décidée des chemins à ornières, continue-t-il, ne saurait que bien difficilement être contestée. Disons plus, l'on peut avancer avec confiance que l'usage général des chemins à ornières et des voitures à vapeur pour toutes sortes de communications intérieures, nous découvre une perspective presque sans bornes d'amélioration, et est peut-être destinée à opérer une plus grande révolution dans l'état de la société civile, que la grande découverte de la navigation elle-même (2)... Avec une facilité et une célérité de communication si grandes, les villes provinciales d'un empire deviendraient autant de faubourgs de la capitale..... Produits industriels, inventions, découvertes, opinions circuleraient avec une rapidité jusque-là inconnue, et, par dessus tout, les rapports d'homme à homme, de province à province, de nation à nation seraient prodigieusement accrus » (3).

L'auteur voit même dans ce nouveau mode de transport

----

(1) *Ibid.*, t. II, p. 6.
(2) *Ibid.*, t. II, p. 10.
(3) *Ibid.*, t. II, p. 17.

la solution des problèmes de la circulation, qui préoccupaient tant les esprits autrefois : désormais, grâce à ces moyens de communication plus faciles, plus rapides et plus économiques, les encombrements de produits et de travailleurs pourront être, en grande partie, évités.

Et Dubochet conclut : « D'après tout ce qu'on vient de lire, quel homme éclairé de ce pays ne désirerait voir introduire en France les nouveaux moyens de prospérité qui s'offrent en ce moment à l'industrie nationale. L'opportunité de leur adoption est évidente (1)..... La question, selon nous, est tellement importante, qu'elle aurait déjà dû exciter la sollicitude des industriels et occuper les veilles des savants... C'est principalement à ceux-ci qu'il appartient d'éclairer la nation sur les avantages du système proposé... Nous leur soumettons en ce moment la question des communications intérieures d'un pays et de l'établissement de routes à ornières de fer et de machines à vapeur mobiles comme système général de communications et de transport » (2).

Les industriels et les savants ne furent pas tout à fait sourds à cet appel ; une demande, ayant pour objet l'établissement d'un chemin de fer entre Alais et la mer, fut déposée vers cette époque entre les mains de l'administration des Ponts et Chaussées. Le *Producteur* signale l'existence de ce projet dans un article sur « le Canal d'Alais à la mer », mais il ajoute tout aussitôt : « il ne paraît pas que ses auteurs (du projet) aient fait rien de plus que la demande et nous ne croyons pas devoir nous en occuper pour le moment » (3).

---

(1) *Ibid.*, t. II, p. 105.
(2) *Ibid.*, t. II, p. 108-109.
(3) *Ibid.*, t. III, p. 571.

Cependant les chemins de fer ne s'acclimatèrent pas tout de suite en France et, si on excepte la route en fer entreprise dans le Var, aucun n'était encore construit quand disparut, en octobre 1826, le *Producteur*.

Les Saint-Simoniens ne séparaient pas de leurs vues industrielles leurs vues politiques ; pour eux, « l'organisation du pouvoir spirituel était la condition indispensable de l'organisation du travail industriel ». Aussi ne peut-on passer sous silence la conception de la société future telle que l'exposait le *Producteur*, à côté de questions purement industrielles ou scientifiques.

Dans cette société, le pouvoir spirituel serait aux mains d'un corps de savants qui régirait le monde : pour l'organisation industrielle, l'autorité remplacerait la liberté, car la distribution du travail ne peut être remise à l'arbitraire de l'initiative individuelle, la concurrence n'engendrant que le désordre. Pour faciliter cette distribution du travail, il faut d'abord supprimer les barrières entre les peuples : il faut ensuite perfectionner les routes du commerce, et, comme le demandait Dubochet, créer des chemins de fer.

L'art lui-même a un rôle utilitaire dans la doctrine saint-simonienne : « il doit être social » et c'est aux artistes qu'échoit le rôle « d'organiser les grandes manifestations morales communes à tout un peuple ». Et, lorsque l'on commencera à construire des chemins de fer, nous verrons les Saint-Simoniens assigner aux artistes la mission d'ordonner de brillantes fêtes publiques pendant les travaux ou le jour de l'inauguration.

En octobre 1826, le *Producteur* cesse de paraître : son existence avait été de courte durée ; mais son rôle n'avait pas été nul. Il a d'abord servi à présenter, à un cercle assez restreint, il est vrai, de lecteurs, la question des chemins de fer ; mais, comme le reconnaîtront plus tard les disciples, son mérite a surtout été d'aider à fonder l'Ecole, en traitant du développement industriel et scientifique.

En 1826, l'école saint-simonienne ne comprenait encore qu'un petit nombre de membres : car on ne peut compter comme tels tous les collaborateurs du *Producteur* ; d'ailleurs, beaucoup d'entre eux se retirèrent avant même la disparition du journal. D'autre part, les conversions étaient rares : c'était auprès des Polytechniciens que l'on réussissait le mieux. « Il faut, écrivait Enfantin, que l'Ecole Polytechnique soit le canal par lequel nos idées se répandent dans la société » (1).

Il avait organisé chez lui des réunions auxquelles étaient invités tous les Polytechniciens se trouvant à Paris ; deux de ses camarades de promotion, Mellet et Léon Talabot, y vinrent des premiers : d'autres encore assistaient à ces réceptions du vendredi soir. Quelques-uns seulement de ces adeptes collaboraient au *Producteur* : mais tous le lisaient et le faisaient lire autour d'eux.

Ainsi l'Ecole Polytechnique fournit les premiers disciples, ceux qui devinrent les plus ardents Saint-Simoniens et, plus tard, les plus chauds partisans des chemins de fer: Michel Chevalier, Henry Fournel, etc...

L'un d'eux, Henry Fournel, ingénieur des mines, s'était déjà distingué en traçant dès 1825, pour conjurer la ruine qui menaçait les industries de la Champagne, le plan d'un réseau de chemins de fer (2). Et il était directeur du Creu-

---

(1) *Œuvres*, t. XXIV, p. 86.

(2) Voy. : Henry Fournel : *Mémoire sur le chemin de fer de Gray à Verdun* ; Fournel et Margerin : *De l'influence du chemin de fer de Gray à Saint-Dizier sur les mines et les forêts de la Champagne et de la Lorraine.*

sot, quand, en 1831, il donna sa démission pour se consacrer entièrement à l'enseignement du Saint-Simonisme.

Car il y avait une exposition de la doctrine, doctrine créée
par les disciples de Saint-Simon en complétant et en élar-
gissant les théories du maître. L'idée de la prédominance
des savants et des industriels formait toujours le fond de
cet enseignement; on prêchait la guerre aux oisifs, on proclamait que « le seul droit à la richesse, c'est-à-dire à la
disposition des instruments de travail, c'est la capacité de
les mettre en œuvre ».

Mais en même temps, sous prétexte de s'adresser non
seulement aux esprits, mais aussi aux cœurs, la doctrine
se transformait en une religion : à l'exemple de Saint-Simon, les disciples pensaient que « le salut est dans la ré-
habilitation du sentiment religieux ». « Dieu étant *Amour*
dans son unité, et, dans ses modes, *Intelligence* et *Force*,
le but de l'activité est de croître en intelligence et en force
par l'universelle association.

« Il y a donc trois ordres de travaux dont l'amour est la
source, le lien, la fin, et trois ordres de fonctions sociales :
les hommes en qui l'amour domine sont les chefs, dépositaires de la religion, les *prêtres* ; ceux chez qui l'intelligence est développée et qui l'appliquent à connaître les choses, c'est-à-dire Dieu, sont les dépositaires de la science,
les théologiens, les *savants* ; la force enfin appartient à
ceux qui exploitent le globe, qui rendent à Dieu le seul culte
qu'il aime, aux *industriels*..... La science n'est que la
connaissance de Dieu ; et en ce sens elle peut proprement
être appelée théologie... L'objet de l'industrie est l'exploitation du globe .... l'homme... continue ainsi l'œuvre de la
création. De ce point de vue l'industrie devient le *culte*... La
Religion ou la morale, la *Théologie* ou la science, le *Culte*

l'industrie, tels sont les trois grands aspects de l'activité sociale de l'avenir. Les *Prêtres*, les *Savants*, les *Industriels*, voilà la Société » (1).

Corrélativement à cette transformation de la doctrine en religion se produisit la transformation de l'Ecole en une Eglise saint-simonienne ; puisque l'organisation de la société future doit avoir pour fondement une hiérarchie religieuse, il fallait dès maintenant organiser un modèle de cette hiérarchie.

Les anciens disciples formèrent le collège, qui nomma, le 25 décembre 1829, deux chefs, les deux PÈRES : Enfantin et Bazard. Michel Chevalier, Henri Fournel, Edmond Talabot, Gustave d'Eichtal faisaient partie de ce collège. Au-dessous venaient les membres du deuxième degré, parmi lesquels Emile et Isaac Péreire; puis les membres du troisième degré, comme Jules Séguin et Capella. Enfin, il y avait les catéchumènes.

La plupart de ces disciples, dont nous citons les noms parce que nous aurons l'occasion de parler d'eux à propos des chemins de fer, étaient d'anciens élèves de l'Ecole Polytechnique, et Enfantin écrivait à cette époque : « L'Ecole Polytechnique donne à force ».

Parmi les ingénieurs saint-simoniens, on peut encore citer Paulin et Léon Talabot, Lamé et Clapeyron. Une église s'était également fondée dans le Midi, et elle comptait parmi ses membres quelques ingénieurs.

Enfin, au nombre des disciples les plus convaincus et les plus actifs se trouvaient deux hommes de lettres, qui devaient plus tard mettre leur plume au service de la cause des chemins de fer, Charles Duveyrier et Emile Barrault.

---

(1) *Exposition de la doctrine*, p. 434.

Cette transformation de l'Ecole en Eglise n'avait pas été sans susciter une opposition, et il y avait eu quelques défections. Mais le vide produit par le départ de ces dissidents allait bientôt être comblé, car à l' « expansion silencieuse » succéda la propagande, et dès lors les conversions se firent plus nombreuses. Cette propagande, les Saint-Simoniens l'exercèrent par plusieurs moyens: ils firent de nombreuses conférences à Paris; ils organisèrent des missions en province et même à l'étranger ; enfin, ils répandirent leurs idées par la voie du journal.

CHAPITRE III

Le " Globe ". — La propagande en faveur des chemins de fer.

Le *Globe*. — Suprématie de l'industrie. — Rôle des chemins de fer. — Le *Système de la Méditerranée*, de M. Chevalier. — La ligne du Havre à Marseille. — Moyens d'exécution. — Le remède au choléra. — *Feuilles populaires*. — Correspondance du *Globe*. — L'influence exercée par les Saint Simoniens.

En juillet 1829, Laurent, l'un des disciples les plus actifs, avait fondé l'*Organisateur*. Mais lorsque le *Globe*, le grand journal libéral de l'époque, eut été acquis, au mois de novembre 1830, par les Saint-Simoniens, ce fut lui qui devint le véritable organe de l'Ecole.

La direction en fut confiée à Michel Chevalier, et cette fonction, nous dit un de ses biographes, « ne contribua pas peu à fonder la réputation de M. Michel Chevalier, outre qu'elle le mit en relations avec certains hauts personnages de robe et de finance, à demi Saint-Simoniens, mais trop prudents pour l'afficher, et qui, d'ailleurs, étaient encore bien éloignés d'accepter toutes les idées nouvelles » (1).

Le Globe reprend et développe la doctrine telle qu'elle résulte de l'exposé qui en est fait dans les conférences et au cours des missions; il proclame la suprématie de l'indus-

(1) G. Biard, *Biographie véridique de M. Michel Chevalier*, p. 17.

trie, réclame le pouvoir pour les savants et les industriels, puisque ce sont eux qui assurent à la France le premier rang parmi les nations.

Il recherche principalement les moyens de relever l'industrie: avant tout, celle-ci a besoin de crédit. Aussi, après avoir fait la critique du système actuel des banques, le *Globe* présente pour elles un nouveau plan d'organisation, expose le rôle prépondérant qu'elles sont appelées à jouer: car la banque est « le germe d'une institution directrice, d'un véritable gouvernement de l'industrie » (1).

Pour relever l'industrie et améliorer la condition sociale des travailleurs, il faut encore supprimer les lignes de douanes, travailler à établir la paix universelle, enfin entreprendre de grands travaux publics.

Ainsi le *Globe* se trouve amené à réclamer la création de voies de communications et de lignes de chemins de fer: il mène alors en leur faveur une campagne qui ne tarde pas à devenir très active et qui finit par porter ses fruits. Cette question, qui n'occupe, au début, qu'une place secondaire dans la politique du *Globe*, est traitée sans aucun parti pris. Ainsi, à propos d'un projet de chemin de fer de Pontoise à Paris, on voit ce journal protester contre l'exécution de cette ligne, parce que les frais de transport seront moins élevés par la Seine que par ce chemin de fer; il est donc inutile de le construire: mieux vaut employer l'argent à améliorer le cours de la Seine, et cela donnera tout autant d'occupation à la classe des ouvriers (2). Les Saint-Simoniens ne sont donc pas des partisans aveugles des chemins de fer: sans doute, il faut en construire: mais il ne

---

(1) *Le Globe*, 4 avril 1831 et ss.
(2) *Ibid.*, 29 juin 1831.

faut pas, pour le plaisir d'en créer, exécuter des lignes inutiles.

On trouve un nouvel exemple de cet éclectisme dans un article du *Globe* du 8 septembre 1831 : un mémoire venait de paraître sur « la nécessité et le moyen d'occuper les ouvriers qui manquent d'ouvrage en France » ; le moyen proposé, c'était la construction d'un chemin de fer de Marseille à Anvers. Il semble, au premier abord, que les Saint-Simoniens ne pouvaient qu'approuver sans restriction une semblable proposition, qui paraît inspirée par leur doctrine. Sans doute, le *Globe* trouva l'idée juste ; cependant il critiqua le mémoire, d'une part, parce qu'il y releva des erreurs techniques et, d'autre part, parce qu'il estima que ses auteurs s'étaient exagéré l'amélioration que cette entreprise pourrait apporter dans le sort de la classe des travailleurs (1).

Les Saint-Simoniens s'intéressent, naturellement, aux tentatives faites en France pour créer des chemins de fer ; ces tentatives étaient, il est vrai, fort rares en 1831 ; et les travaux les plus importants étaient encore ceux du chemin d'Andrézieux à Roanne, sur l'état desquels le *Globe* renseigne ses lecteurs (2).

Mais bientôt « le passé s'écroule, l'avenir surgit » ; et l'avenir, c'est le règne de l'industrie ; elle met au service de l'homme, l'eau, le fer et le feu, « qui, sur un chemin de fer, plus rapides que des coursiers, entraînent de lourds chariots » (3).

Désormais. — nous sommes à la fin de l'année 1831 —, commence véritablement la propagande des Saint-Simo-

____

(1) *Ibid.*, 8 septembre 1831.
(2) *Ibid.*, 26 octobre 1831.
(3) *Ibid.*, 15 août 1831.

niens en faveur des chemins de fer ; elle va en s'intensifiant de plus en plus, tombant quelquefois dans l'exagération, jusqu'au jour où le *Globe* disparaîtra faute d'argent.

Le 10 décembre 1831, la question des chemins de fer est pour la première fois traitée quant au fond. L'auteur de l'article (qui était probablement M. Chevalier, mais, à cette époque, les journalistes ne signaient pas), après avoir établi que, depuis les événements de Juillet, les divers États de l'Europe avaient, « dans leurs préoccupations guerrières », dépensé 1.400 millions « pour se faire peur les uns les autres », supposait que ces gouvernements eussent, au contraire, « été animés de l'esprit de paix et d'association... et qu'ils eussent voulu établir entre les villes principales de l'Europe un système de communications auprès duquel toutes les merveilles des voies de transport anglaises n'eussent été que de mesquines entreprises ». Il supposait qu'ils eussent exécuté un chemin de fer qui aurait relié toutes les capitales de l'Europe; partant de Cadix, cette voie ferrée aurait passé par Madrid, Toulouse, Bordeaux, Orléans, Paris, Metz, Francfort, Cassel, Magdebourg, Berlin, Posen, Varsovie, Wilna, Riga, et aurait abouti à Saint-Pétersbourg.

Sur cette ligne immense on aurait établi en croix des routes en fer allant : de Barcelone à Lisbonne, par Madrid ; de Marseille au Havre, par Paris; de Breslau à Hambourg, par Berlin ; de Belgrade à Berlin, par Vienne, Prague et Dresde ; de Venise à Prague, par Insbrück et Münich; de Moscou à Pétersbourg ; de Venise à Naples, par Rome ; de Turin à Venise, par Milan ; d'Anvers à Francfort, par Bruxelles et Mayence.

« La somme de 1.400 millions en impôts et en emprunts, concluait l'auteur de l'article,... qui a été si stérilement dépensée en armements, équipements et fortifications, aurait suffi à produire ce superbe travail de 1.400 myriamètres de routes en fer, dont l'exécution changerait la face de l'Europe » (1).

Mais il ne suffisait pas de proposer des chemins de fer ; il fallait encore résoudre un problème qui se posait immédiatement après : Qui est-ce qui les exécutera ? Cette question, qui fera l'objet de longues et intéressantes discussions au sein des Chambres et qui, faute d'être définitivement résolue, retardera la réalisation du réseau français, le *Globe* l'étudie dès 1831.

Dans une série d'articles sur les « travaux publics » (2), l'un des « apôtres », Stéphane Flachat, envisage la question du mode d'exécution de ces travaux : sera-ce le corps des Ponts et Chaussées, c'est-à-dire l'Etat, ou sera-ce l'industrie privée qui entreprendra ces routes, canaux et chemins de fer ? Et, si on se prononce en faveur de cette dernière, faudra-t-il employer l'adjudication avec concurrence ou bien plutôt la concession directe ?

Fidèle aux théories de Saint-Simon, qui n'avait vu dans le principe de la concurrence qu'un élément de désordre, Stéphane Flachat repousse le système de l'adjudication : la concurrence, dit-il, loin d'offrir le moyen de découvrir les plus habiles et d'entretenir parmi les travailleurs l'émulation, ne peut qu'engendrer la lutte : « elle est profitable seulement aux hommes dont la fortune est déjà faite et qui peuvent se borner aux bénéfices les plus restreints après avoir d'ailleurs eux-mêmes rétréci à la dernière limite la paie de leurs ouvriers »; aussi ajoute-t-il que « la concurrence périra de ses propres excès ».

------

(1) *Ibid.*, 10 décembre 1831.
(2) *Ibid*, 1, 12 et 29 décembre 1831 ; 7 et 20 janvier 1832.

Et après avoir expliqué que l'exemple de l'Angleterre. où est admis le principe de la liberté, ne saurait être décisif, Stéphane Flachat montre qu'en France le système de l'adjudication aura pour effet soit d'aboutir à la concession de l'entreprise à un autre que celui qui a fait les études, soit d'obliger ce dernier, s'il veut à toute force obtenir la concession, à accepter des prix dérisoires. Et Flachat cite comme exemple ce qui s'était produit pour le chemin de fer de Saint-Étienne à Lyon, pour lequel MM. Séguin avaient dû souscrire à des conditions inacceptables.

Stéphane Flachat discute ainsi par avance une des questions qui devaient le plus diviser la Chambre ; il prévoit. avec une grande précision, les défauts de l'adjudication avec concurrence, qui, souvent employée en France sous la Monarchie de Juillet, finira par provoquer une crise terrible pour les entreprises de chemins de fer.

Le directeur du *Globe*, Michel Chevalier, collabore activement à cette propagande industrielle. A plusieurs reprises, il demande au gouvernement d' « imprimer à la société une immense activité pacifique : 1° par la création d'un vaste ensemble de communications. chemins de fer, canaux, routes : 2° par l'établissement d'institutions de crédit... ; 3° par la fondation... de hautes écoles où seraient formés... les officiers de l'armée pacifique des travailleurs » (1).

Mais ce qui devait surtout appeler l'attention sur Michel Chevalier en même temps que sur la prédication des Saint-Simoniens en faveur des chemins de fer. ce fut son *Système de la Méditerranée* (2). qui eut un grand et légitime retentissement.

____

(1) *Ibid.*, 14 et 18 janvier 1832.
(2) *Ibid.*, 20 et 31 janvier, 12 février 1832.

Michel Chevalier commence par y démontrer « l'immense utilité des chemins de fer pour améliorer le sort des nations » car de tous les moyens de communication, c'est le plus facile : grâce à leur vitesse, ils « multiplieront singulièrement les rapports des peuples et des cités ;... ils changeront les conditions de l'existence humaine ».

M. Chevalier se rend parfaitement compte des progrès qu'ils permettront de réaliser : « Quand, écrit-il, un voyageur, parti du Havre de grand matin, pourra venir déjeûner à Paris, dîner à Lyon et rejoindre le soir même à Toulon le bâteau à vapeur d'Alger... ; quand Vienne et Berlin seront beaucoup plus voisins de Paris qu'aujourd'hui Bordeaux;... de ce jour un immense changement sera survenu dans la constitution du monde..... L'introduction, sur une grande échelle, des chemins de fer sera une révolution non seulement industrielle, mais politique. Par leur moyen, et à l'aide de quelques autres découvertes modernes, telles que le télégraphe, il deviendra facile de gouverner la majeure partie des continents qui bordent la Méditerranée avec la même unité, la même instantanéité qui subsiste aujourd'hui en France ».

Il ne doute point, d'ailleurs, que la conséquence de cette révolution politique ne soit l'avènement de la paix universelle, car la paix est indispensable au repos des peuples et il est impossible de fonder un équilibre européen par la guerre ; la solution de la question d'Orient, qui préoccupe déjà les gouvernements, est dans les chemins de fer : « la Méditerranée va devenir le lit nuptial de l'Orient et de l'Occident » ; car c'est sur leur conciliation que doit reposer la paix définitive.

Il présente alors un « projet très sérieusement étudié », que « les contemporains prirent pour un rêve à la façon de ceux de Fourier, et ils accusèrent Michel Chevalier de n'être que le romancier de l'économie politique » (1).

L'avenir est à l'industrie et « l'industrie se compose de centres de production unis entre eux... par des voies de transport et... par des banques ». Parmi les moyens de communication les plus faciles sont les chemins de fer: ceux-ci vont donc figurer « au premier rang parmi les moyens de transport qui relieront les divers points du système méditerranéen ». Michel Chevalier considère alors la Méditerranée « comme une série de grands golfes qui sont chacun l'entrée d'un large pays sur la mer. Dans chacun de ces golfes, il y aura à choisir un port principal... Le port ainsi déterminé sera pris pour pivot d'un ensemble d'opérations dont la plus capitale serait un chemin de fer qui, remontant la vallée médiale, irait par dessus ou à travers le versant des eaux chercher une autre vallée de premier ordre... Et ces systèmes partiels, tous rattachés entre eux, constitueraient le système général ».

Et, penché sur la carte, Michel Chevalier trace les lignes de cet immense réseau. Pour l'Espagne, on prendrait Barcelone comme point de départ d'un chemin de fer qui, par Saragosse, se dirigerait sur Lisbonne; et « celui qui établirait cette voie aurait consacré l'union du Portugal et de l'Espagne ». Un autre chemin partirait de Cadix et, par Séville et Cordoue, rejoindrait Madrid, pour aller ensuite vers Bordeaux: des embranchements relieraient le port du Passage avec Barcelone et Tortose, et on établirait ainsi la plus courte communication possible entre les deux mers ; d'autres bras seraient créés, l'un vers Porto, un autre vers

------

(1) Jules Simon, *Notice historique sur la vie et les travaux de Michel Chevalier*, p. 30.

les mines des Asturies, un troisième vers les mines de l'Andalousie.

« En France le port principal du golfe du Lion est Marseille. Il n'est personne qui, regardant la carte, n'ait rêvé quelque grande communication entre Marseille et le Havre, par Lyon et Paris, à travers les trois vallées du Rhône, de la Loire et de la Seine... Le plus haut avantage de cette grande communication serait certainement d'ouvrir à l'Angleterre les abords de la Méditerranée...

« Les principaux chemins de fer qui sillonneraient encore la France seraient: 1° celui de Toulouse à Bordeaux, qui continuerait sur Paris par Orléans, et qui, par Metz, Sarrebrück, Mayence et Francfort, irait tourner les Vosges et la Forêt Noire pour entrer en Allemagne, et dont un embranchement rattacherait à Paris, Mons, Bruxelles et Anvers ; 2° ceux qui de Lyon rejoindraient les bassins de la Meuse et du Rhin, et descendraient jusqu'à Maëstricht et Amsterdam : 3° celui qui poursuivrait la Loire jusqu'à Nantes, et de là irait rallier la superbe rade de Brest. »

En ce qui concerne l'Italie, « l'emblème matériel de l'unité italienne sera un chemin de fer qui s'étendra de Venise à Tarente par Florence, Rome et Naples, et auquel il sera facile de rattacher les points principaux du versant oriental des Apennins, ainsi que Livourne et les ports secondaires du versant oriental... De Venise partiront des chemins de fer qui iront l'un vers Gênes.... l'autre à Turin par Milan; un troisième vers Hambourg ».

L'unité commerciale de l'Allemagne n'existe pas encore; les chemins de fer seront « les liens qui resserront tous les peuples » qui la composent. « Qu'on ouvre une voie qui, partant de Mayence ou de Francfort, où aboutirait celle de Cadix à Paris prolongée par Metz, se dirige vers Ratisbonne, dans la vallée du Danube, aille de là, par Lintz, Vienne, Presbourg et Ofen, jusqu'à Belgrade...; qu'à Belgrade elle se bifurque, et qu'elle se dirige d'un côté vers Sophia, où elle se bifurquera encore pour rejoindre Salonique.... et Constantinople par Andrinople ; de l'autre côté par Bucharest jusqu'à Odessa ». Une deuxième grande voie, prenant comme la première son origine à Mayence ou à Francfort, se déroulerait à travers les Flandres, l'Allemagne du Nord, la Russie et les steppes de l'Asie septentrionale jusqu'au Kamtchatka; elle couperait à Dresde la ligne de Venise à Hambourg et s'avancerait par Breslau, Varsovie, Wilna et Riga jusqu'à Saint-Pétersbourg. Des embranchements la relieraient à Brême, aux bouches de l'Oder, à Dantzick: deux d'entre eux joindraient par Breslau, Berlin et le pays de Cracovie, le port d'Odessa à Stralsund vers l'extrémité occidentale de la Baltique ; et l'un d'eux, se dédoublant pour traverser la Hongrie, relierait les chemins du Nord avec le système méridional établi autour de Belgrade. D'autres embranchements, partis de la grande voie du Midi, rejoindraient la Forêt Noire et traverseraient les plaines de la Souabe pour aller jusqu'à Turin: et ainsi « le groupe du Nord et le groupe du Midi se déversent par cent issues l'un sur l'autre ».

La Russie est encore un pays peu civilisé ; les chemins de fer exerceront une influence décisive sur sa civilisation. D'ailleurs, si c'est de tous les pays celui où les chemins de fer seraient le plus utiles, c'est aussi celui où leur construction serait le plus facile. Les lignes les plus nécessaires seraient celles qui relieraient Odessa et Astrakan aux principaux points du territoire. On pourrait, par conséquent, établir un chemin d'Odessa à Riga et à Saint-Pétersbourg par Kiew, et un autre d'Odessa à Astrakan par Taganrog, d'Astrakan à Saint-Pétersbourg par Moscou, et cette ligne de Saint-Pétersbourg serait poussée jusqu'à Arkangel.

Dans la Turquie d'Asie, on tracerait « un long chemin de fer qui se relierait au système que nous avons conduit jusqu'à Constantinople... Ce chemin de fer, partant de Scutari, irait chercher l'Euphrate en remontant vers la mer Noire, traverserait les défilés du Taurus, entrerait ainsi dans... la Mésopotamie, et arriverait au golfe Persique par Bagdad et Bassora. Divers embranchements y rattacheraient l'un Erzeroum et Trébisonde à l'extrémité orientale de la mer Noire : un autre Alep, la vallée de l'Oronte, le bassin du lac Asphaltide et le Caire en Egypte ; un troisième pourrait probablement pénétrer jusqu'à Smyrne; un autre enfin, conduit par Téhéran et Recht, unirait le golfe Persique et la mer Caspienne ».

La côte d'Afrique, enfin, serait dotée d'une voie ferrée qui, suivant tout le long des régences barbaresques, irait jusqu'à Ceuta; on tracerait aussi une ligne de l'île Téléphantine jusqu'à Alexandrie, et des embranchements relieraient les oasis d'Egypte avec la vallée du Nil.

« On aura ainsi tout autour de la Méditerranée un premier réseau sur lequel on brodera des réseaux secondaires, de manière surtout à faire converger les communications vers les ports qui serviront de centre à chaque bassin ».

Outre l'exécution de ce vaste réseau de chemins de fer, on percerait les isthmes de Suez et de Panama, on rendrait navigables les principaux cours d'eau, on sillonnerait de bateaux à vapeur la Méditerranée, on améliorerait l'agriculture, enfin on créerait un vaste système de banques et un ensemble d'écoles et de musées.

Ce plan gigantesque une fois réalisé, se pourrait-il trouver, « au milieu de tant de prospérité, ...un cabinet qui, saisi d'une fièvre belliqueuse, songerait sérieusement à arracher les peuples à leur activité féconde, pour les lancer dans une carrière de sang et de destruction. »

Tous ces chemins de fer, avec leurs embranchements, formeraient un réseau d'environ 6.000 myriamètres et, à raison de 750.000 francs le myriamètre, coûteraient quatre milliards cinq cents millions, soit « à peu près ce qu'a emprunté la France depuis le commencement de la Révolution pour faire la guerre ». Avec tous les autres travaux dont Michel Chevalier demandait l'exécution, la dépense totale s'élèverait à dix-huit milliards : « C'est à peu près ce que l'Angleterre a emprunté depuis soixante ans pour faire la guerre ». Les dépenses militaires des puissances européennes s'élevant chaque année à 1.500 millions de francs, si pendant douze ans on appliquait cette somme à la réalisation du plan exposé, « le monde aurait changé de face sans que les peuples eussent augmenté d'un centime leurs budgets ». Enfin, l'armée serait employée à l'exécution de ces travaux.

Et les résultats de cette réalisation seraient la sécurité pour tous les pays et un immense développement de l'industrie.

Tel est ce *Système méditerranéen* qui contribua à faire connaître le nom de Michel Chevalier et appela l'attention sur les idées des Saint-Simoniens en matière de travaux publics. Tout, dans cet écrit, porte le cachet de l'École: c'était, en quelque sorte, le fruit de l'enseignement de la doctrine. Du reste, M. Chevalier écrit lui-même, en parlant de ce plan industriel : « Je l'ai conçu sous l'inspiration primordiale de notre Père suprême Enfantin (1) », et le 17 février 1832,

----

(1) *Le Globe*, 5 février 1832.

dans une de ces séances qui se tenaient au « temple » de la rue Monsigny, il déclare : « Dans son second enseignement le Père a dit, et ces mots ont été pour moi une révélation, qu'il fallait songer à donner... à l'Orient une fonction active dans le mouvement humanitaire. J'ai beaucoup médité cette parole et j'ai ruminé dans ma tête un système politique qui ouvrit une voie au peuple de l'Orient. Ce système est celui que j'ai ébauché dernièrement sous le nom de système méditerranéen » (1).

Il ne faudrait cependant pas interpréter ces paroles comme le fit un polémiste, G. Biard, qui écrivit : « Voyons ce qu'il en est de ce fameux système méditerranéen dont l'inspiration appartient en propre à M. Enfantin, système que n'a fait que formuler M. Michel Chevalier » (2). Il faut reconnaître que l'inspiration n'avait été que très vague, et faire la part de la déférence à l'égard du Père dans les paroles prononcées par M. Chevalier. C'est donc bien à celui-ci que revient le mérite d'avoir su décrire près d'un siècle à l'avance le réseau européen tel qu'il sera constitué dans quelques années ; car plusieurs des lignes qu'il prévoit ne sont pas encore terminées. La seule chose que l'on puisse reprocher à M. Chevalier, ce sont ces vues pacifistes, qui attendront encore longtemps leur réalisation ; mais comment un homme, qui se rendait compte de la transformation que les chemins de fer allaient apporter dans les rapports des différents peuples, aurait-il pu croire que les guerres survivraient à l'exécution de ces travaux pacifiques.

Il ne faut donc point s'étonner de voir le *Globe* reprendre cette idée d'un désarmement et d' « une organisation indus-

____

(1) *Œuvres*, t. XVII, p. 117.
(2) G. Biard, *op. cit.*, p. 54.

trielle de l'armée » (1). L'armée apparaît aux Saint-Simo
niens comme le type d'organisation le plus désirable ; car
le principe qui y règne, c'est celui de la solidarité, et non
plus celui de la concurrence. « Si tous les travailleurs, maîtres et ouvriers, voulaient s'entendre et s'associer pour le travail pacifique, comme les soldats et les officiers le sont pour
le travail guerrier, ...sous la direction d'un général pacifique, éclairé. des travaux considérables seraient faits » (2).

Le programme décrit par M. Chevalier était beaucoup
trop vaste pour pouvoir être entièrement réalisé; il fallait
commencer par construire une ligne unique. Les Saint-Simoniens s'en rendent compte, et le chemin de fer dont ils
demandent l'exécution immédiate. c'est celui du Havre à
Marseille. Ch. Duveyrier le réclame comme le « moyen de
donner du travail aux ouvriers et la paix à tout le
monde » (3) : l'exécution, dans un bref délai, de cette route
qui « servirait de base à une réédification de toutes les communications du royaume selon ce nouveau procédé ». suffirait au roi « pour qu'à son règne fut attaché éternellement
la gloire d'avoir donné l'impulsion à l'organisation du travail industriel ». Ensuite, on donnerait ainsi une occupation
à des centaines de milliers d'ouvriers et à un nombre considérable d'ingénieurs et d'entrepreneurs : l'élévation de rétribution de tous ces agents provoquerait un accroissement
de la consommation, et des débouchés nouveaux seraient
ouverts à toutes les industries.

Stéphane Flachat se joint à Duveyrier pour demander
l'exécution de cette ligne du Havre à Marseille : ce sera, dit-

---

(1) *Le Globe*, 4, 6 et 15 février ; 3, 6, 8 et 9 mars 1832.
(2) *Religion Saint-Simonienne. L'armée, la concurrence*, par Ch. Béranger.
(3) *Le Globe*, 21 février 1832.

il, « un des anneaux du vaste réseau de fer dont nous aspirons à barder le monde ; car plus audacieux que le prophète qui a annoncé la conversion du fer de lance en soc de charrue, nous avons prophétisé la conversion des fers de mousquet en rails de chemins de fer » (1).

Les Saint-Simoniens peuvent, du reste, croire à la prochaine réalisation de cette ligne; car « déjà M. d'Argout annonçait à la tribune que la concession lui en avait été demandée » (2).

Mais il ne suffisait pas de solliciter du gouvernement la construction de chemins de fer, il fallait aussi prévoir des ressources pour faire face aux dépenses: en particulier, cent millions sont nécessaires pour compléter l'entier établissement de la ligne de Marseille au Havre. Michel Chevalier commence par proposer d'employer au profit de l'industrie les deux cents millions dépensés pour le budget de la guerre : « Si le gouvernement garantissait à une compagnie un revenu de deux à trois millions pendant trente ans, les entrepreneurs se disputeraient cette immense entreprise. Ce mode d'encouragement appliqué à toutes les grandes lignes de communication... serait d'une admirable fécondité » (3). C'est le système de la garantie d'intérêt qui se trouve ainsi pour la première fois proposé.

Si les préjugés du gouvernement l'empêchent d'employer aux travaux publics les fonds du budget de la guerre, d'autres ressources s'offrent à lui: chaque année, une somme de quatre-vingt millions était versée à la caisse de l'amortissement pour le rachat de rentes ; mais, la rente étant cotée au-dessus du pair, ces fonds n'étaient pas employés. Le

---

(1) *Ibid.*, 4 mars 1832.
(2) *Ibid.*, 21 mars 1832.
(3) *Ibid.*, 8 mars 1832.

gouvernement pourrait les appliquer aux chemins de fer. « Nous voudrions, écrit Delaporte, que les quatre-vingt millions de la dotation annuelle de la Caisse d'amortissement fussent appliqués: un quart en subventions... pour l'agriculture; et le surplus, ou soixante millions, à assurer pendant quinze ou trente ans, une prime de 3 ou de 2 p. % à des compagnies qui entreprendraient de grands travaux tels que les chemins de fer du Havre à Marseille et de Nantes à Strasbourg.

« Ce qui s'oppose aux grandes entreprises, c'est qu'ordinairement elles ne rapportent rien durant les premières années, et que les compagnies reculent devant cette difficulté. Cette garantie de 2 ou 3 % pendant un certain temps garantirait sûrement l'entreprise d'environ trois milliards de travaux annuels sur lesquels le Gouvernement, à raison de ces subventions, aurait une influence dont il userait pour stipuler, au profit des travailleurs, des tarifs et des conditions favorables » (1).

Ce n'était pas là un procédé inapplicable, puisque, pendant tout le gouvernement de Juillet, ce seront précisément les réserves de l'amortissement qui serviront à faire face, dans une large mesure, aux dépenses occasionnées par les chemins de fer. La même idée est défendue par Michel Chevalier: il propose d'appliquer cette réserve de l'amortissement, sous forme de primes annuelles aux sociétés concessionnaires, à l'exécution d'un réseau qui comprendrait les chemins de fer : du Havre à Marseille, par Paris ; de Nantes à Mayence, par Paris et Strasbourg: de Bayonne à Paris, par Bordeaux ; de Lyon à Cologne, par Gray et Bâle : de

____

(1) *Ibid.*, 25 mars 1832.

Gray à Verdun ; de Paris à Bruxelles ; de Bordeaux à Brest, par Nantes (1).

Du reste, les chemins de fer ne tardent pas à devenir pour les Saint-Simoniens la panacée universelle. Le choléra vient d'atteindre Paris et y fait de nombreuses victimes; l'unique remède, c'est de commencer les chemins de fer, en accompagnant les travaux de fêtes publiques (2). « Il faut au peuple dès ce jour des fêtes splendides qui détournent sa pensée du nouveau fléau dont il est frappé, qui l'exaltent et l'attachent de passion à l'accomplissement d'immenses travaux » (3).

Le roi doit mettre fin au choléra par « un coup d'État industriel » (4) qui consisterait à changer par ordonnance la loi d'expropriation afin de simplifier les formalités, et à créer par ordonnance des fonds pour l'exécution de grands travaux. « On pourrait enfin commencer, aux barrières, les chemins de fer qui doivent conduire à Marseille et au Havre, à Nantes et à Strasbourg. Le chemin de fer de Paris à Pontoise, qui serait plus tard continué jusqu'au Havre, en partant de Paris aboutit à Saint-Denis; rien ne serait plus aisé que de se mettre dès demain, 12 avril, à l'œuvre de Saint-Denis à Paris... L'ouverture des travaux et leur inauguration se ferait avec pompe et serait célébrée par des fêtes publiques.

« Tous les corps de l'État viendraient avec leurs insignes prêcher l'exemple. Le roi et sa famille, les ministres, le Conseil d'État, la Cour de cassation, la Cour royale, ce qui reste des deux Chambres, y apparaîtraient fréquemment et manieraient la pelle et la pioche. Le vieux Lafayette y

---

(1) *Ibid.*, 30 mars 1832.
(2) *Ibid.*, 2, 9, 11, 16 avril 1832.
(3) *Ibid.*, 11 avril 1832.
(4) *Ibid.*, 11 avril 1832.

assisterait certainement plusieurs heures par jour. Les régiments viendraient y faire leur service en grande tenue avec leur musique. Les escouades de travailleurs seraient commandées par les ingénieurs des ponts et chaussées et des mines, par les élèves de l'Ecole Polytechnique, tous en grand uniforme. Le canon marquerait le commencement et la fin de la journée, et sonnerait les heures. Les femmes les plus brillantes se mêleraient aux travailleurs pour les encourager.

« La population, devenue ainsi exaltée et fière, serait certainement invulnérable au choléra ».

Stéphane Flachat et Charles Duveyrier se joignent à Michel Chevalier et demandent qu'on attaque les chemins de fer « avec vigueur et célérité dans tous les départements qu'ils traverseront, et surtout dans les faubourgs des grandes villes auxquelles ils doivent aboutir, à Rouen, au Havre, à Strasbourg, Lyon, Marseille, Nantes, et Bordeaux » (1). On organisera une « armée pacifique des travailleurs » et un camp sera établi sur chacun des quatre emplacements qui serviront de points de départ aux quatre grandes voies qui, de Paris, conduiront au Havre, à Nantes, Strasbourg et Marseille.

Cette armée industrielle construira une « route en fer qui suivra le cours de l'eau de Bercy à Passy ; deux points d'appui à deux nouvelles routes en demi-cercle qui serviront de lien à toutes les barrières en remplaçant les ridicules murailles d'enceinte par une voie large et rapide de communication ». Ainsi, après avoir décrit le réseau européen, les Saint-Simoniens prévoient le chemin de fer de Ceinture.

____

(1) *Ibid.*, 11 avril 1832.

Wallon

Des troubles éclatent en Vendée ; aussitôt Ch. Lemonnier recommande l'établissement d'un chemin de fer comme l'un des moyens de pacifier ce pays !

« Le devoir et la mission de la presse », c'est de pousser le roi à prendre ces mesures (1). Et Henry Fournel donne le texte de l'ordonnance qu'il voudrait voir rendre par le roi (2) ; une des dispositions prévoit que « cinquante jeunes ingénieurs traceront la grande ligne des chemins de fer du Havre à Marseille et de Strasbourg à Nantes ». On enrôlera tous les ouvriers qui se présenteront des divers points de la France ; le gouvernement négociera dix millions des rentes acquises par l'amortissement pour se procurer les deux cents millions nécessaires à cette entreprise ; enfin on procédera dans un délai de trois semaines à toutes les formalités et on acquerra les terrains traversés. Cette adresse « Au Roi » se terminait ainsi : « Sire, vous avez préparé la venue d'un Napoléon Pacifique, car tel est l'homme que la France incertaine et flottante attend avec anxiété. »

Mais le *Globe* touche à sa fin ; et, le 20 avril 1832, paraît le dernier numéro : Michel Chevalier y demande « aux hommes politiques » de créer une administration nouvelle, dans laquelle l'armée serait employée aux travaux publics, auxquels on assimilerait les entreprises de chemins de fer.

Si le *Globe* cessait de paraître, c'est que les ressources faisaient défaut. L'effort des Saint-Simoniens avait, en effet, été considérable ; depuis le 5 septembre 1831, leur journal était distribué gratis à plus de 4.000 exemplaires ; il était envoyé à tous ceux sur lesquels cette lecture pouvait exercer de l'influence, et particulièrement aux anciens

(1) *Ibid.*, 11 avril 1832.
(2) *Ibid.*, 13 avril 1832.

élèves de l'Ecole Polytechnique, aux ingénieurs, et à « toutes les capacités administratives, industrielles et de tous
les ordres ». (1) Et on a calculé que, de 1830 à 1832, les
Saint-Simoniens avaient publié plus de dix-huit millions de
pages.

En outre du *Globe*, de nombreuses feuilles de propagande étaient distribuées dans les rues : beaucoup n'étaient
que la reproduction d'articles du *Globe* ; mais quelques-
unes constituaient des morceaux inédits, et dans plusieurs
les Saint-Simoniens réclamaient, comme dans leur journal,
la création de voies ferrées (2).

Ils y prédisent que « la terre ne tardera pas à se couvrir
d'un immense et vaste réseau de chemins de fer ». (3) Ils
y soutiennent que, pour mettre fin à l'inactivité, qui est la
source de tous les crimes qui affligent la société, le meilleur
remède, c'est de « construire des routes de fer, qui, partant
de Paris, institué métropole du Globe, iraient aboutir à
toutes les capitales de France et d'Europe qu'elles sillonneraient de lames d'acier ». (4)

On persuadait ainsi à l'opinion publique que le « devoir
des Chambres est d'améliorer la condition des vingt millions de prolétaires de France par tous les moyens possi-
bles, tels que... la création de grands travaux » et que le
devoir de la presse, c'est de s'unir pour, « d'un commun
accord, réclamer le bien-être du peuple par l'application
de tous les moyens qui y peuvent conduire » : et, au nombre de ces moyens se trouvaient les chemins de fer. (5)

(1) Circulaire de 1832.
(2) Voy. Bibliographie, *Feuilles populaires*.
(3) *Progrès des communications entre les peuples*, par Surbled.
(4) *Vues morales et industrielles des Saint-Simoniens*, par G. Biard.
(5) *Au peuple, aux Chambres, à la presse, sur leurs devoirs récipro-
ques pendant la session*, par G. Biard.

Il n'est pas jusqu'à la chanson, à laquelle les Saint-Simoniens n'aient eu recours pour répandre leurs idées : Rouget de l'Isle avait rédigé pour eux un *Chant des Industriels* ; et dans une autre chanson, adaptée sur l'air de la *Marseillaise*, *le Chant du Travail*, on proclamait, en termes pompeux, l'avènement des chemins de fer :

> Hommage et gloire à l'Industrie,
> Qui verse en tous lieux ses bienfaits !
> Vous tous qui lui devez la vie,
> Admirez ses divins progrès.
> La vapeur, brisant tout obstacle,
> Donne des ailes aux bateaux,
> Et d'un char, roulant sans chevaux,
> La vitesse tient du miracle.

> Courage ! mes amis, ensemble travaillons ;
> Marchons, que notre ardeur féconde nos sillons.

> Dans nos campagnes, dans nos villes,
> Voyez ce peuple doux et fort :
> Il change en instrumens utiles
> Ces mousquets, instrumens de mort.
> Et le fer, en lames glissantes,
> Serpentant par mille chemins,
> Unit les fraternelles mains
> De cent nations florissantes.

> Courage ! mes amis, etc...

Des réunions spéciales et une correspondance très active avaient, en outre, été établies pour accroître les relations avec les ingénieurs : les apôtres Transon, Lambert, Flachat et Michel Chevalier étaient spécialement chargés de cette œuvre.

Enfantin a dressé lui-même la liste des anciens élèves de l'Ecole Polytechnique qui furent ainsi en correspondance avec le *Globe* (1); on y relève les noms d'ingénieurs qui de vinrent célèbres plus tard : Bineau, Bonnet, Capella, Collignon, Didion, Jullien, Léon et Paulin Talabot, Tourneux, West, sans parler de Le Play et de Lamoricière qui devaient s'illustrer d'une autre manière. Dans leurs lettres, ces anciens Polytechniciens remerciaient de l'envoi du *Globe*, témoignaient de l'intérêt qu'ils portaient aux théories exposées dans ce journal, et discutaient, pour les critiquer ou les approuver, les idées religieuses, politiques et industrielles des Saint-Simoniens. (2)

Sans doute, tous ces ingénieurs n'avaient pas une foi pleine et entière, et beaucoup faisaient des réserves sur la question religieuse ; leur adhésion n'en était pas moins significative.

Cette influence ne s'exerçait pas seulement dans le monde des anciens Polytechniciens ; elle était universelle.

Dès le mois de mars 1831, le *Globe* reproduit un article du *Courrier de l'Europe*, qui étudie l'influence exercée par les Saint-Simoniens (3). En mars 1832, la *Carpenters' Magazine*, de Londres, signale cette « secte puissante dont les membres... sont destinés à apporter un changement immense dans le système social non seulement de leur propre pays, mais de tous les Etats civilisés de l'Europe. » (4)

A la même époque, la *Gazette d'Augsbourg* constate que « les Saint-Simoniens agissent sur les esprits avec une puissance qu'on rencontre rarement dans le monde... Et quand même leur école tomberait..... la vérité et la nouveauté de leurs idées n'en continueraient pas moins à porter leurs

---

(1) *Œuvres*, t. VI, p. 131.
(2) 7609. Correspondance du *Globe*. (Ecole Polytechnique).
(3) *Le Globe*, 1er mars 1831.
(4) *Ibid.*, 5 mars 1832.

fruits, et même l'existence momentanée de cette noble association resterait dans l'histoire comme l'évènement le
plus remarquable des temps modernes. » (1)

Et, dans son *Histoire de l'Économie politique*, Ad. Blanqui reconnaît qu' « on ne peut lire aujourd'hui sans un
vif intérêt les vues que les Saint-Simoniens présentaient
chaque jour dans le journal le *Globe*... Leur feuille traitait
avec une supériorité incontestable les questions de finances,
de travaux publics..., et il faut convenir que jamais aucune
réunion de savants n'avait mis en circulation une pareille
masse d'idées. » (2)

______

(1) *Ibid.*, 13 mars 1832.
(2) Blanqui, *Histoire de l'économie politique*, t. II, p. 316.

CHAPITRE IV

Autres écrits des Saint-Simoniens sur les chemins de fer.

Le schisme. — La retraite de Ménilmontant. — Le manifeste : *Les Saint-Simoniens !!* — Les *Vues politiques et pratiques sur les travaux publics*, de Lamé, Clapeyron, Stéphane et Eugène Flachat. — Articles d'Em. Péreire dans le *National*. — La *Revue encyclopédique*. — Le procès. — L'expédition d'Egypte ; le canal de Suez.

Pendant que cette prédication industrielle répandait à Paris, dans les départements et même à l'étranger la doctrine saint-simonienne, de graves événements se produisaient au sein de la famille et un schisme éclatait. Car, sous l'influence d'Enfantin, le Saint-Simonisme tendait à devenir, au point de vue religieux, une grossière parodie du culte chrétien. Mais ce furent surtout les théories bizarres d'Enfantin sur le rôle de la Femme et du Couple Prêtre qui provoquèrent des scissions. Dès lors les dissidents devinrent nombreux et le *Globe* du 20 novembre 1831 inséra la protestation de dix-neuf d'entre eux, parmi lesquels Hippolyte Carnot et Henri Fournel. Sans signer cette protestation pour ne pas désobliger Olinde Rodrigue, son beau-frère, Emile Péreire quitta la rédaction du *Globe*, mais continua dans le *National* à défendre les idées saint-simoniennes.

Le gouvernement crut de son devoir d'intervenir et, le 22 février, il entama des poursuites contre les Saint-Simoniens, pour avoir contrevenu à l'article 291 du Code Pénal, qui interdisait les réunions de plus de vingt personnes. Enfantin résolut alors de se retirer à Ménilmontant avec quarante disciples, dont Charles Duveyrier, Edmond Talabot, Gustave d'Eichtal, Barrault, Michel et Auguste Chevalier, Broët, Félix Tourneux, Stéphane Flachat, et Fournel, revenu au bercail.

Dès lors, les prédications cessent ; mais la renommée des Saint-Simoniens n'en diminue pas pour cela: le dimanche, le peuple de Paris accourt en foule pour les voir travailler.

Et à l'occasion des obsèques du général Lamarque, l'un des disciples, Charles Lemonnier, rédige un manifeste, *Les Saint-Simoniens !!!*, où sont exposées leurs idées politiques : Le but qu'ils cherchent à atteindre, « c'est le développement de l'industrie, l'organisation en grand du travail, l'affranchissement pacifique et progressif des travailleurs ». L'un des moyens qu'ils indiquent pour l'atteindre, c'est l'exécution immédiate du chemin de fer de Paris à Marseille, les réserves de l'amortissement étant employées en primes aux entrepreneurs.

La vie menée à Ménilmontant ne plaisait, d'ailleurs, pas à tous les disciples: bientôt Stéphane Flachat et quelques autres se retirèrent discrètement. Un triste événement n'allait pas tarder à les réunir tous de nouveau, pour quelques heures: la mort d'Edmond Talabot. Le jour de ses obsèques, 17 juillet 1832, marque une date mémorable dans l'histoire des chemins de fer: car, ce jour là, se retrouvèrent dans le jardin de Ménilmontant Stéphane Flachat et son frère Eugène, Emile Péreire, Lamé et Clapeyron. Eugène Flachat ayant connu Lamé et Clapeyron à Saint-Pétersbourg, les présenta à son frère et à Emile Péreire. Des rapports de plus en plus intimes ne tardèrent pas à s'établir, et quelques semaines plus tard Lamé, Clapeyron, Eugène et Stéphane Flachat écrivaient en collaboration les *Vues politiques et pratiques sur les travaux publics en France* : ils fondaient en même temps une sorte de comité consultatif, destiné à diriger et à éclairer les entrepreneurs dans l'exécution de ces travaux. Bientôt après ils préparaient, avec le concours d'Emile Péreire, le projet d'un chemin de fer de Paris à Saint-Germain (1).

Dans leur ouvrage, Lamé, Clapeyron, Stéphane et Eugène Flachat examinaient de façon très complète la question du réseau des voies ferrées; après avoir indiqué la nécessité où l'on était d'exécuter de grands travaux publics pour remédier aux maux dont souffrait la France, ils étudiaient les moyens de réaliser ces travaux. Ils commençaient par combattre le système de l'adjudication « comme une des causes principales de l'immoralité qui préside à la conception et à l'exécution des travaux publics », car elle éloigne ceux qui veulent faire des études sérieuses, mais coûteuses (2).

Ils posaient ensuite les principes suivants :

La presque totalité des travaux publics à exécuter en France ne pourraient fournir un revenu suffisant aux compagnies qui les entreprendraient;

Les efforts que feraient les concessionnaires pour limiter la dépense, en réduisant toutes les dimensions du travail en-

---

(1) *Œuvres*, t. VI, p. 177.
(2) Lamé, Clapeyron, Stéphane et Eugène Flachat, *Vues politiques et pratiques*, p. 30 et ss.

trepris, n'abaisseraient pas toujours cette dépense à un taux
que le revenu puisse couvrir; en outre, ces réductions dans
les dimensions de l'ouvrage seraient contraires aux intérêts
de la compagnie et de la société, car de tels travaux seraient
nécessairement à reprendre au bout de peu de temps ;

Enfin, les voies de communication ne pourraient produire
tout leur effet utile que lorsque le système en serait complet,
ou du moins très étendu, et n'offrant pas de ces solutions
de continuité qui paralysent les meilleures entreprises.

Ces principes posés, les quatre ingénieurs étudiaient l'utilité relative des chemins de fer et des canaux, indiquaient
les avantages respectifs des uns et des autres : l'un de ces
deux modes de transport ne doit donc pas exclure l'autre de
façon générale ; ils doivent, au contraire, être établis con-
curremment puisqu'ils satisfont à des besoins différents.

L'étude des chemins de fer anglais amenait Lamé, Clapeyron, Stéphane et Eugène Flachat à diviser les voies
ferrées en deux classes : les chemins de fer de premier ordre, dont la construction nécessite de grosses dépenses,
comme la ligne de Manchester à Liverpool ; les chemins de
second ordre, exécutés d'une manière économique, comme
la ligne d'Andrézieux à Roanne ou celle de Saint-Etienne à Lyon.

Et ils en arrivaient à cette conclusion: « nous pensons que
le système général des communications, en France, ne doit
pas se composer de canaux *ou* de chemins de fer, mais,
1° pour les réseaux de premier ordre, de canaux de grande
section *et* de chemins de fer de premier ordre........ ; 2°
pour les réseaux secondaires, de canaux de petite section ou
de chemins de fer de second ordre. » (1)

Ils examinaient alors quels canaux ou quels chemins

_____

(1) *Ibid.*, p. 87.

de fer devraient être entrepris pour composer, sinon le système complet des voies de communication, du moins un ensemble de premiers réseaux dont toutes les parties se correspondraient, et sur lesquels pourraient ensuite s'embrancher toutes les lignes d'une importance secondaire. Estimant que dans l'intérêt du transport des voyageurs, du service des postes, du mouvement administratif et de la défense du territoire (1), les chemins de fer doivent avoir pour centre la capitale du royaume, ils composaient des lignes suivantes le réseau français : 1° de Paris à Valenciennes, Lille, Calais ; de Paris au Havre ; de Paris à Strasbourg ; de Paris à Lyon et à Marseille ; de Paris à Bordeaux , avec embranchement sur Nantes ; de Bordeaux sur Lyon ; enfin un chemin parallèle aux frontières du Nord.

Ce réseau d'environ 3.500 kilomètres coûterait, au prix de 160.000 francs le kilomètre, 560 millions de francs. (2)

Les auteurs traçaient ensuite le système des canaux qui leur semblaient nécessaires ; des chemins de fer de jonction étaient créés entre les divers canaux proposés, par exemple pour relier la Dordogne à la Sioule, le bassin de la Gironde à celui de la Loire.

Pour seconder l'impulsion que donnerait à notre industrie, à notre commerce, à notre agriculture, l'établissement de ces voies de communication, ils demandaient, en outre, la création de docks, d'entrepôts et l'exécution de travaux intéressant l'agriculture et l'industrie. En résumé, les divers travaux proposés s'élevaient à une somme de deux millards, qui devraient et pourraient être dépensés en dix ans.

---

(1) Pour ce dernier point, ils renvoyaient au mémoire de Lamé et Clapeyron sur l'*Utilité des chemins de fer pour la défense du territoire.*
(2) *Vues politiques et pratiques...*, p. 104 et ss.

Mais comment exécuter ces travaux ? Comment trouver cette somme ? On avait à choisir entre trois systèmes d'exécution : par l'Etat ; par des compagnies livrées à leurs seules ressources ; par des compagnies subventionnées par l'Etat. Lequel de ces système devait-on préférer ?

Ainsi qu'ils l'avaient fait entrevoir au commencement de leur ouvrage, les auteurs des *Vues politiques* préféraient le premier système (1) ; mais, étant donné les préventions qui existaient contre l'intervention du gouvernement, l'opinion publique repousserait sans examen l'exécution par l'Etat. D'autre part, le second système était impraticable, parce que « les travaux publics ne présentent pas d'utiles spéculations à l'intérêt privé » (2). Puisque le « gouvernement n'ose pas » et que « les compagnies ne peuvent pas », il faut un système intermédiaire ; ce « système de transition », c'est celui de compagnies subventionnées par l'Etat. (3) Mais dans quelle proportion, sous quelle forme le gouvernement devrait-il fournir cette subvention ?

Ces auteurs proposaient que ce fût sous forme de primes : l'Etat, au lieu de remettre aux compagnies le capital de la prime, leur en remettrait la valeur en inscriptions de rentes. Il garantirait aux concessionnaires un intérêt de 5 % des capitaux employés, pendant l'exécution des travaux ; ces travaux terminés, quand les entrepreneurs entreraient en jouissance, l'Etat s'engagerait pendant un certain nombre d'années à parfaire le même intérêt, c'est-à-dire à fournir, par exemple, 2 ½ % si le produit net annuel de l'entreprise n'était que de 2 ½ %. Après l'expiration du nombre d'années convenu, la subvention devrait entière-

------

(1) *Ibid.*, pp. 36 et ss., 262 et ss.
(2) *Ibid.*, p. 258.
(3) *Ibid.*, p. 266.

ment cesser, et, à partir de cette époque, dès que le produit annuel de l'entreprise atteindrait 8 %, l'Etat aurait droit au partage des bénéfices : par exemple, la moitié du surplus appartiendrait à l'Etat. (1) Pour bien faire comprendre ce système, ils en faisaient l'application à l'un des canaux qu'ils proposaient de construire.

Estimant que cette combinaison augmenterait les charges publiques de vingt-cinq millions en dix-huit ans, Lamé, Clapeyron, Stéphane et Eug. Flachat se demandaient alors si l'exécution de ces deux milliards de travaux augmenterait les revenus publics de vingt-cinq millions en dix-huit ans. Pour eux, l'affirmative n'était pas douteuse, et ils s'efforçaient de le démontrer.

Naturellement ces ingénieurs saint-simoniens terminaient leur ouvrage par quelques considérations pacifistes : ils faisaient remarquer que la somme, qui, d'après ce programme, serait consacrée chaque année aux travaux publics, ne surpassait « que d'un septième le budget de la guerre », et ils en concluaient que « les hommes et les sommes nécessaires à un aussi grand développement de travaux publics pourraient se trouver, pour ainsi dire par un simple revirement au budget, c'est-à-dire en licenciant l'armée, d'une part, et en portant, de l'autre, le budget de la guerre au budget des travaux publics » (2)

Ces auteurs s'attachaient enfin à réfuter les objections qu'on pourrait leur faire pour ce grand développement de travaux publics, à cause, par exemple, de l'accroissement de la main-d'œuvre. Une note annexe indiquait les

____

(1) *Ibid.*, p. 71.
(2) *Ibid.*, p. 278.

frais de construction et le fret des canaux, et les frais de construction et de traction des chemins de fer.

Cet ouvrage, très profondément pénétré d'esprit saint-simonien, « devait... contribuer, comme le constate M. Audiganne, à faciliter la solution des questions par les utiles données qui s'y trouvaient réunies, soit sur les expériences déjà faites, soit sur les principes de la matière. » (1) Lamé, Clapeyron, Stéphane et Eugène Flachat éclairèrent ainsi le public sur la nécessité et l'utilité véritable des chemins de fer ; ils réfutèrent, par avance, l'argument tiré de la concurrence des canaux et des chemins de fer, argument qui fera l'objet de discussions passionnées au sein des Chambres ; enfin, ils donnèrent pour l'exécution du réseau qu'ils proposaient une solution fort acceptable et fort praticable, puisque le système indiqué par eux contient le principe de la garantie de l'intérêt, à laquelle nous devons la presque totalité de notre réseau français.

Vers la fin de 1831, Emile Péreire avait quitté le *Globe ;* déjà entré au *National,* il continua dans ce journal la campagne menée par les Saint-Simoniens en faveur des chemins de fer. Dans deux articles consacrés à l'analyse du livre de Lamé, Clapeyron, Stéphane et Eugène Flachat, il joint sa voix à la leur pour demander la prompte exécution de lignes ferrées; comme eux, il combat l'idée d'une concurrence entre les chemins de fer et les canaux, et s'élève contre un article du *Journal des Débats* qui voyait dans ce nouveau mode de transport la ruine des canaux et des entreprises de roulage. Tout en louant les *Vues politiques et pratiques,* Péreire croyait cependant devoir critiquer le

____

(1) A. Audiganne. *Les chemins de fer aujourd'hui et dans cent ans,* t. I, p. 337.

plan financier des quatre ingénieurs ; il préférerait voir l'Etat intervenir « comme commanditaire dans les entreprises où son concours serait utile... La concession de chacune de ces entreprises ne devrait être accordée qu'à la compagnie qui réclamerait du Trésor public la participation la plus faible ». Il estimait que cette combinaison, qui sera proposée à plusieurs reprises par le gouvernement, sans jamais être adoptée, « faciliterait et accélérerait la formation des compagnies exécutantes, en leur offrant la disponibilité d'une première commandite importante. » (1)

Em. Péreire demande aussi la réforme de la loi sur l'expropriation, car les grands travaux publics sont inexécutables sans loi d'expropriation; il est nécessaire de simplifier les formalités et de modifier la loi de 1810, qui était « un sac à procès ». Aussi se rallie-t-il au projet qui venait d'être déposé et qui faisait disparaître quelques inconvénients graves de l'ancienne loi (2). Ce projet, voté cette même année, devint la loi du 7 juillet 1833.

Au gouvernement que préoccupait la question d'Algérie, il propose un plan de colonisation : son projet de loi prévoit la construction d'un chemin de fer de Bône et Constantine à Alger et à Oran; les travaux seraient exécutés par l'armée d'occupation; l'expropriation étant gratuite, il suffirait pour cette ligne, de 150 lieues, d'une dépense totale de 20 à 25 millions. Et à ceux qui pourraient s'étonner de le voir proposer d'établir un chemin de fer en Algérie, tandis qu'en France ces nouvelles voies de communication existaient à peine, il faisait remarquer que ces routes en fer per-

---

(1) *Le National*, 22 septembre 1832 (*Des chemins de fer et canaux*) et 21 octobre 1832 (*Des voitures à vapeur, des chemins de fer et des canaux*).
(2) *Ibid.*, 31 janvier 1833 (*De l'expropriation pour cause d'utilité publique*).

mettraient d'organiser un système de défense économique
et d'employer sur une grande échelle les troupes à ces travaux. Du reste, en Algérie où tout est à créer, il faut, si l'on
veut faire quelque chose, choisir de prime abord le système
de communications le plus perfectionné. (1)

Em. Péreire insiste, comme l'avait fait le *Globe*, pour la
prompte exécution du chemin de fer du Havre à Marseille :
l'industrie privée ne peut entreprendre ce travail, car les
capitaux sont encore trop craintifs. Repoussant toute association de l'industrie privée et de l'Etat, et le système de la
garantie d'intérêt, il demande que le gouvernement se charge de ce travail, qui coûterait environ 150 millions. Il estime
qu'il serait équitable de réclamer le concours des départements intéressés : ceux-ci n'auraient qu'à ajouter dix centi-
mes additionnels à leur contribution foncière et aux paten-
tes (2). Cette idée de faire contribuer les localités à la construction des chemins de fer ne devait pas être appliquée de
suite : mais elle sera reprise par la loi de 1842.

Em. Péreire s'attache aussi à dénoncer les erreurs qui
pouvaient être commises au sujet des chemins de fer, car on
invoquait, souvent d'une façon erronée, l'exemple de l'Angleterre : en corrigeant ces erreurs et en donnant les renseignements exacts, il éclairait utilement les ingénieurs et le
public (3).

Enfin à partir de novembre 1831, quelques Saint-Simoniens collaborèrent à la *Revue Encyclopédique*. Ce journal
reproduisit une partie du mémoire de Henry Fournel sur le
Projet d'un chemin de fer de Gray à Verdun (4), et analysa

____

(1) *Ibid.*, 25 août 1833 (*Projet de loi sur l'Algérie.*)
(2) *Ibid.*, 6 septembre 1833 (*Chemin de fer du Havre à Marseille*).
(3) *Ibid.*, 23 janvier 1834 (*Chemins de fer en France et en Angleterre*).
(4) *Revue Encyclopédique*, février 1832, pp. 308 et ss.

le *Système Méditerranéen* de Michel Chevalier (1), ainsi que les *Vues politiques et pratiques sur les Travaux publics* (2), s'associant par cette publicité à la campagne menée en faveur des chemins de fer.

Mais il ne suffisait pas de combattre par la plume, il fallait aussi prêcher d'exemple. Comme le déclarait Enfantin le 10 décembre 1831, « il ne s'agit plus pour nous aujourd'hui d'enseigner notre foi, il s'agit de la traduire en actes, de transformer notre dogme en culte » (3) : et il répétait, le 1er janvier 1832, dans une réunion du degré des industriels : « C'est par l'œuvre surtout que les Saint-Simoniens se feront connaître, comme ils se sont fait connaître par leur science, par leur savoir, par leur intelligence, par leur prévision sur l'avenir social » (4).

Mais un événement allait retarder la réalisation de le projets : le procès qui fut intenté aux Saint-Simoniens) faits d'escroquerie, d'immoralité et de contravention à l. ticle 291. Ce procès aboutit à la condamnation d'Enfantin et de Michel Chevalier à une peine d'emprisonnement.

Critiquant cette condamnation, le *National* exprime le regret que les Saint-Simoniens, « au lieu de prêcher une religion incompréhensible et une morale fort extraordinaire, n'appliquent pas leur talens et leur volonté à développer les progrès de la politique industrielle. Qu'ils rentrent dans cette voie dont ils n'auraient pas dû sortir, ils y trouveront plus de gloire et la société plus de profit. » (5)

---

(1) *Ibid.*, septembre 1832, pp. 599 et ss.
(2) *Ibid.*, octobre 1832, pp. 39 et ss.
(3) *Œuvres*, t. XVI, p. 75.
(4) *Le Globe*, 11 janvier 1832.
(5) *Le National*, 4 septembre 1832.

Ce vœu n'allait pas tarder à se réaliser ; le moment était proche où ils allaient « organiser l'industrie, et instituer en France la monarchie industrielle. (1)

L'Egypte fut le premier champ d'action pour beaucoup de ces ingénieurs. Pendant qu'Enfantin et Michel Chevalier entraient à Sainte-Pélagie purger leur condamnation, Barrault, Fournel et Tourneux, suivis de nombreux disciples, partaient pour l'Orient, qui leur apparaissait comme le lieu d'élection pour une grande entreprise industrielle. « La route d'Alexandrie au Caire va bientôt s'exécuter ; le canal de Suez se fera certainement aussitôt que Méhémet songera un peu moins à ses armées » (2).

Enfantin, gracié avec Michel Chevalier le 1er août 1833, ne tarda pas à les rejoindre. « C'est à nous, dit-il, de faire entre l'antique Egypte et la vieille Judée, une des nouvelles routes d'Europe vers l'Inde et la Chine ; plus tard, nous percerons aussi l'autre à Panama. Suez est le centre de notre vie de travail ».

Mais le grand œuvre saint-simonien, le canal de Suez, ne devait pas être de sitôt réalisé. Car le sultan Méhémet-Ali repoussa le projet préparé par Fournel et préféra la construction d'un barrage sur le Nil. Ce barrage fut par la suite ajourné, et la Famille découragée rentra en France sous la conduite du Père.

Tout en restant Saint-Simoniens, la plupart des disciples, avides d'indépendance, se séparent alors d'Enfantin : en particulier, Michel Chevalier, qui avait consacré à la réflexion son séjour à Sainte-Pélagie, cesse toute communication avec le Père et les autres disciples; on ne peut cepen-

---

(1) *Prédication* du 11 décembre 1831.
(2) *Œuvres*, t. IX, p. 40.

dant cesser de le considérer comme Saint-Simonien, car sa vie comme ses écrits restent tout imprégnés de la doctrine qu'il avait professée.

Quoique dispersés, ces hommes allaient tous coopérer à la même œuvre: la réalisation des chemins de fer en France.

DEUXIEME PARTIE

L'exécution du réseau.

CHAPITRE V

**Les premières concessions. — Le chemin de fer de Paris
à Saint-Germain.**

Les premières concessions. — Caractère de ces entreprises. — Rôle de
Mellet, Talabot et Didion. — Le chemin de fer de Paris à Saint-
Germain : l'œuvre des Saint-Simoniens. — Nature et influence de cette
ligne.

C'est à l'année 1828 que remonte la mise en exploitation
du premier chemin de fer français ; encore est-il inexact
de donner ce nom à une route garnie de rails en bois, sur
laquelle circulaient des wagonnets traînés par des chevaux, des bœufs ou même des ânes. L'établissement de
cette ligne, qui servait uniquement au transport des marchandises entre Andrézieux et Saint-Etienne, avait été autorisée en 1823.

Cette concession fut suivie, en 1826, de celle d'un chemin de fer de Saint-Etienne à Lyon : l'initiative en apparte-

nait aux frères Séguin (1) et ils étaient au nombre des concessionnaires. Cette ligne, dont le prolongement jusqu'à la Saône fut prescrit en 1827, fut mise en exploitation de 1830 à 1833, et la compagnie concessionnaire arriva à la plus brillante fortune.

Enfin un autre chemin industriel, d'Andrézieux à Roanne, fut concédé quelques années après à deux anciens Polytechniciens, Mellet et Henry (2).

Telle était la situation des chemins de fer en France lorsqu'éclata la Révolution de Juillet ; cet événement politique fut suivi d'une autre révolution, plus pacifique sans doute, mais grosse de conséquences pour l'avenir des chemins de fer : en 1832, la compagnie concessionnaire de la ligne de Saint-Etienne à Lyon organisa le transport des voyageurs et utilisa la traction mécanique.

Dès lors la nouvelle industrie va faire en France de rapides progrès : c'est d'abord la concession, par la loi du 26 avril 1833, d'un chemin de fer de Montrond à Montbrison. Il se posa au sujet de cette ligne une question d'une grande importance, celle de la « libre circulation » sur les voies ferrées : la liberté de parcours devait-elle être accordée à quiconque se présenterait avec des voitures mues par des chevaux ou des machines, à la charge seulement de payer à la compagnie un droit de passage ? La commission se prononça pour la libre circulation ; dans le *National*. Em. Péreire s'éleva, avec juste raison, contre cette solution qu'il trouvait inadmissible, car « la condition essentielle d'un chemin de fer, c'est la vitesse ; or cet avantage serait

---

(1) Voy. Séguin, *Mémoire sur le chemin de fer de Saint-Etienne à Lyon*. 1826.

(2) Voy. Bibliographie, pour les divers *Mémoires* publiés par Mellet et Henry sur *Le chemin de fer de la Loire, d'Andrésieux à Roanne*.

détruit du jour où les entrepreneurs ne pourraient point exclusivement diriger l'action des moteurs. » (1)

Puis une loi du 29 juin 1833 vint accorder à Paulin et Léon Talabot la concession d'un chemin de fer d'Alais à Beaucaire ; c'était l'entrée en scène de Paulin Talabot, qui allait devenir l'un des plus fervents apôtres de ce nouveau mode de transport. Pour mener à bien cette première entreprise, il fit appel au concours d'un de ses camarades, dont l'avenir ne devait pas être moins brillant : Charles Didion. « P. Talabot et son camarade Didion furent les premiers de ces ingénieurs clairvoyants qui devinèrent l'avenir des chemins de fer. » (2)

L'idée première de cette ligne remontait déjà à plusieurs années : c'était à la suite de l'essai tenté par les frères Séguin que Paulin Talabot avait conçu le projet de construire un chemin de fer qui amènerait jusqu'au Rhône les produits du bassin houillier d'Alais ; dès 1830, il avait organisé à cet effet une société d'études et il avait, l'année suivante, présenté un avant-projet au Conseil général des Ponts et Chaussées : mais ce fut seulement une loi du 29 juin 1833 qui ratifia l'adjudication de cette entreprise. Le tracé définitif ayant été approuvé en 1835, P. Talabot, aidé de Didion, put se mettre à l'œuvre, et en 1840 la ligne fut livrée à la circulation.

L'initiative de la plupart de ces chemins de fer appartenait à des partisans plus ou moins convaincus de la doctrine saint-simonienne : Jules Séguin faisait, en 1831, partie de la Famille comme membre du troisième degré ; Mellet, concessionnaire du chemin d'Andrézieux à Roanne,

---

(1) *Le National*, 16 mars 1833.
(2) G. Pinet, *Écrivains et penseurs Polytechniciens*, p. 174.

avait été un des premiers à assister aux réunions tenues en 1825 chez Enfantin ; en outre, il avait été l'un des sous-cripteurs et des lecteurs du *Producteur* ; et, plus récemment, il venait de souscrire à l'emprunt saint-simonien de 1832.

Paulin et Léon Talabot étaient auss , avec leur frère Edmond, des apôtres de la nouvelle doctrine. On peut en dire autant de Ch. Didion, qui était en relations avec Enfantin, Péreire, Fournel, Michel Chevalier ; son éloignement de Paris le préserva, ainsi que Talabot, des erreurs où tombèrent les autres disciples sous l'influence du Père Enfantin (1).

Enfin c'était encore un Saint-Simonien, Henri Fournel, qui avait fait les études et dressé le projet d'un chemin de fer de Saint-Dizier à Gray (2). et entamé en 1832 des négociations avec le directeur général des Ponts et Chaussées en vue d'obtenir la concession de cette ligne.

Tous ces chemins de fer, presqu'exclusivement destinés au transport des marchandises, et construits dans un centre minier fort éloigné de Paris, ne pouvaient avoir un grand retentissement, ni exercer sur les esprits une très grande influence. C'étaient, suivant l'expression de l'époque, des lignes de second ordre, construites suivant le système d'exécution économique, dont les Séguin furent les représentants en France.

Au contraire, le chemin de fer de Paris à Saint-Germain fut une ligne de premier ordre, et exerça une très grande influence sur l'avenir de cette industrie en France. Comme

---

(1) Sur Didion et P. Talabot, voy. Noblemaire, *Hommes et choses de chemins de fer.*

(2) Henri Fournel, *Mémoire sur le chemin de fer de Gray à Verdun.*

le constate M. Audiganne, cette concession « vint étaler, pour ainsi dire, le problème au grand jour, sous les yeux de la capitale. Ce fut là un pas immense, et, si l'on veut, une deuxième étape dans la marche du nouveau système de locomotion ». (1)

Le projet en avait été préparé par Stéphane et Eugène Flachat, Lamé et Clapeyron, ces quatre ingénieurs qui avaient fait ou refait connaissance à Ménilmontant, le jour de l'enterrement d'Edmond Talabot, et qui venaient de publier en collaboration les *Vues politiques et pratiques sur les travaux publics*; ce projet fut déposé au ministère des Travaux publics avec le concours d'Em. Péreire et d'Adolphe d'Eichtal.

Or, comme le constate une note reproduite dans la *Notice historique* qui précède les *Œuvres de Saint-Simon et d'Enfantin*, « toutes ces personnes, directement ou indirectement, se rattachaient au groupe saint-simonien, et leur entrepr. e était éclose au milieu du Saint-Simonisme. C'est Em. Péreire qui avait obtenu le concours d'Adolphe d'Eichtal, un des chefs de la maison de banque Louis d'Eichtal et fils, et frère de Gustave d'Eichtal, apôtre ». (2)

L'âme de cette entreprise fut Em. Péreire, aidé de son frère Isaac ; ce qu'il voulait, c'était frapper un grand coup, exécuter un chemin qui persuaderait la foule : pour cela, il fallait une ligne courte, partant de la capitale et aboutissant à un lieu de promenade fréquenté des Parisiens, et située de telle manière qu'elle pût servir plus tard d'amorce à une grande ligne. De cette façon, il suffirait d'un modeste capital pour exécuter l'entreprise, on habituerait le public

---

(1) Audiganne, *op. cit.*, t. I, p. 366.
(2) *Œuvres*, t. VI, p. 177.

à ce nouveau mode de locomotion dont il avait peur, et on ferait cependant une ligne qui pourrait être par la suite autre chose qu'un amusement. Un chemin de fer de Paris à Saint-Germain satisfaisait à toutes ces conditions.

Em. Pércire s'occupa plus spécialement de trouver les capitaux : il eut beaucoup de peine. Il ne fut guère compris que des banquiers d'Eichtal et Thurneyssen ; ceux-ci finirent par entraîner James de Rothschild, avec lequel Em. Péreire avait été mis en relations à l'occasion de ses articles sur des questions financières. Il fallut ensuite trois ans pour vaincre la résistance de l'administration et l'indifférence du public ; enfin les associés, soutenus par Em. Péreire dans le *National*, par Stéphane Flachat dans le *Constitutionnel*, par Eugène Flachat dans le *Journal du Commerce* et par Michel Chevalier dans le *Journal des Débats*, finirent par entraîner le gouvernement, l'opinion publique et les Chambres : une loi du 9 juillet 1835 accorda la concession du chemin de Paris à Saint-Germain.

Dès lors les travaux furent poussés activement sous la conduite d'Eugène Flachat, aidé de son frère Stéphane, de Lamé et de Clapeyron : Fournel et M. Chevalier prêtèrent aussi leur concours comme ingénieurs-conseils. Em. Péreire ne quitta pas la voie pendant toute la durée de ces travaux.

Si l'on en croit le *Courrier Français*, les concessionnaires obtinrent le concours d'ouvriers militaires pour la construction du pont d'Asnières : « par ordre du général commandant la division dûment autorisé par le ministre de la guerre, le colonel commandant le 41° de ligne... avait mis ses hommes à la disposition de la compagnie qui en avait embauché vingt-cinq sous les ordres d'un caporal et d'un

sergent » (1) ; modeste tentative d'application de l'armée aux travaux publics !

Au bout de deux ans, la ligne était achevée et les Saints-Simoniens firent de l'inauguration une véritable fête : la reine, le duc d'Orléans, les princesses et les princes, des pairs, des députés et de hauts fonctionnaires y assitèrent et furent transportés à Saint-Germain ; et l'une des jeunes princesses s'écria en descendant de wagon : « Vraiment cela dégoute de toute autre manière de voyager ». (2)

Ainsi se trouvaient réalisées les paroles qu'Em. Péreire adressait à Armand Carrel en quittant le *National* : « J'écrirai mon idée sur le sol et je lui donnerai corps et consistance ».

La ligne de Saint-Germain fut ce que son fondateur voulait qu'elle fut : le chemin de fer-école, non seulement pour l'opinion publique et pour les banquiers, mais aussi pour les ingénieurs. C'est de l'école de Saint-Germain que sont sortis Lamé, Clapeyron, Henri Fournel. Stéphane et Eugène Flachat ; Petiet, qui deviendra directeur du chemin du Nord ; Le Châtelier, qui, après avoir organisé les ateliers et le matériel du Nord, concourra à la fondation des lignes d'Autriche et du Nord de l'Espagne ; Maniel, ingénieur au chemin de fer du Nord, puis directeur général des chemins autrichiens; Collignon, directeur général des lignes russes ; Eurell, directeur du réseau du Midi ; et d'autres encore.

Ensuite, en prêtant son concours au directeur général des Ponts et Chaussées, M. Legrand, Emile Péreire assura le succès de la cause des chemins de fer : car, en présence

----

(1) *Courrier Français*, 17 novembre 1835.
(2) *Temps*, 25 août 1837.

des hésitations que faisait naître cette nouvelle industrie, M. Legrand ne savait comment formuler ses aspirations, et Em. Péreire lui apporta à point une solution toute faite et conforme à ses aspirations. Et M. Laurent de Villedeuil a pu écrire: « M. Legrand, directeur des Ponts et Chaussées, et M. Emile Péreire, concessionnaire du chemin de fer de Paris à Saint-Germain, sont les fondateurs du régime des chemins de fer ». (1)

D'autre part, en demandant la réforme de la loi de 1810 sur l'expropriation, les Saint-Simoniens rendirent un grand service à la cause des chemins de fer, car, sous leur action, une loi du 7 juillet 1833 vint corriger les inconvénients de la législation ancienne.

Désormais les chemins de fer vont pouvoir se développer en France ; leur essor allait malheureusement être arrêté par la mauvaise volonté des Chambres.

----

(1) P.-C. Laurent de Villedeuil, *Bibliographie des chemins de fer*, p. 18.

CHAPITRE VI

**Les premiers chemins de fer d'intérêt général. — Intervention
de l'Etat.**

Les premières études. — *Mémoires* de Mellet et Henry, de Fournel. —
Lettres sur l'Amérique du Nord, de M. Chevalier. — Les chemins de
fer de Montpellier à Cette et de Paris à Versailles : Mellet et Péreire.
— Concessions de 1837; projet de réseau et discussions parlemen-
taires. — L'opinion d'Enfantin. — Projet de réseau, discussions et
concessions de 1838. — *Des intérêts matériels*, de M. Chevalier. — La
crise de 1838; *Concours de l'Etat*, de Tourneux. — Concessions de
1839, 1840 et 1841 ; la ligne de Paris à Rouen. — L'inauguration du
chemin de fer de Strasbourg à Bâle. — *Cours d'économie politique*, de
M. Chevalier.

———

Dès 1832, des capitalistes avaient projeté la construction
de grandes lignes de chemins de fer : le 4 avril, le *Globe*
signalait la demande en concession des chemins du Havre
à Marseille par Paris et de Strasbourg et Bâle à Nantes (1) :
des projets avaient aussi été déposés pour des lignes de Toulouse à Montauban, de Paris à Orléans. Mais par suite du
caractère peu sérieux de ces demandes ou par suite des
hésitations de l'administration, aucune concession définitive n'avait été faite ; les Saint-Simoniens, impatients de
voir réaliser leurs désirs, protestaient contre ces retards :

———

(1) *Le Globe*, 4 avril 1832.

ils accusaient l'incapacité de l'administration et l'incohérence du ministre des travaux publics (1). Le gouvernement cependant ne restait pas tout à fait inactif; en septembre 1832, le *Moniteur* annonça qu'une commission d'ingénieurs avait reçu la mission de préparer un plan d'études pour arriver à la rédaction d'un projet de chemins de fer, allant à Rouen et au Havre, à Lille, à Strasbourg, à Lyon et Marseille, à Bordeaux, à Tours et Nantes (2).

Peu après, en 1833, une autre commission fut nommée pour examiner la question de l'exécution des chemins de fer, afin de savoir si la construction en serait confiée à l'État seul, ou à l'industrie privée seule, ou à des compagnies subventionnées par l'État; et elle choisit comme rapporteur P. Talabot (3).

Enfin, le gouvernement sollicita du parlement, à l'occasion du projet de budget de 1834, un crédit de 500.000 francs pour les études de chemins de fer ; cette somme, inscrite dans la loi de finances du 27 juin 1833, fut consacrée à l'étude des lignes que nous venons d'énumérer.

L'industrie privée ne restait pas non plus dans l'inaction ; en dehors des efforts tentés par Em. Péreire pour obtenir la concession du chemin de Saint-Germain, les ingénieurs saint-simoniens se livraient à des études particulières. Mellet et Henry exposaient les avantages d'un chemin de fer de Paris à Roanne (4) ; Henry Fournel demandait au gouvernement de proposer et de favoriser l'exécution d'une ligne du Havre à Marseille. « Le véritable intérêt du pays, écrivait-il, est tout entier dans un large mouvement indus-

---

(1) *Ibid.*, 21 février 1832.

(2) *Le National*, 12 septembre 1832.

(3) *Ibid.*, 16 mars 1933.

(4) Mellet et Henry, *Le chemin de fer de Paris à Roanne*.

triel, qui ne peut être produit... que par le perfectionnement des moyens de communication... (1). Le projet d'un
chemin de fer du Havre à Marseille est une œuvre nationale dans toute l'étendue de ce mot; l'initiative en appartient au Gouvernement ». (2) Il étudiait le tracé par la vallée de la Marne, et exposait les avantages que l'industrie
française retirerait de cette entreprise ; car cette ligne
ouvrirait un débouché à nos vins et aux produits des mines de Saint-Etienne.

Dans les lettres que Michel Chevalier, envoyé en mission par le gouvernement pour étudier les chemins de fer
d'Amérique, adressait au *Journal des Débats*, l'utilité d'une
ligne de Paris à Londres était aussi présentée ; et M. Chevalier s'élevait contre l'inertie des capitalistes français qui
ne songeaient même pas à faire des projets de chemins de
fer quand les Anglais en construisaient (3) ; il répondait aux
objections faites en France contre ce mode de transport
(4) et montrait que leur construction était un des moyens
d'améliorer la condition du peuple (5) ; enfin, il examinait
l'influence politique des chemins de fer et proposait d'employer l'armée à leur construction, et en particulier à
l'exécution de la ligne de Saint-Germain (6).

Enfin, Lemonnier, qui demandait la formation d'un
« parti des travailleurs », rangeait les chemins de fer parmi
les moyens d'action de ce parti (7).

---

(1) Henry Fournel, *Du chemin du Havre à Marseille par la vallée de
la Marne*, p. 1.
(2) *Ibid.*, p. 7.
(3) Michel Chevalier, *Lettres sur l'Amérique du Nord*, 1re lettre,
1er novembre 1833.
(4) *Ibid.*, 2e lettre, 7 novembre 1833.
(5) *Ibid.*, 28e lettre, septembre 1835.
(6) *Ibid.*, notes, pp. 451 et ss. ; 478 et ss.
(7) Ch. Lemonnier, *Présent et avenir. Le parti social*, p. 55.

Le 2 avril 1835, le gouvernement soumit à la Chambre des députés, en même temps que le projet de loi sur le chemin de Paris à Saint-Germain, un second projet relatif à une ligne de Paris au Havre et à Rouen; les Saint-Simoniens purent croire à la prochaine réalisation de leurs idées, et Enfantin écrivait à Lambert : « Thiers a présenté sa loi sur les chemins de fer (particulièrement celui de Paris au Havre). Son projet des motifs est très beau, c'est du *Globe* et du Flachat et Lamé tout craché; *théorie et exécution* sera calqué sur Michel et sur l'ouvrage des trois ingénieurs. Le système méditerranéen y figure convenablement ». (1)

Mais la Commission, chargée de l'examen de ce projet, ne fit pas de rapport, jugeant nécessaire d'attendre, pour décider l'établissement de cette ligne, la fin des études du tracé par la vallée de la Seine.

C'était un nouvel ajournement; et, si l'on excepte le chemin de Saint-Germain, l'année 1835 ne vit que la concession de lignes de second ordre: de Saint-Waast à Denain et d'Abscon à Denain, de Villers-Cotterets à Port-aux-Perches, et d'Alais à la Grand'Combe. Cette dernière concession était faite à la Compagnie des mines de la Grand-Combe, dont faisaient partie P. Talabot et son frère.

L'année 1836 devait être un peu plus favorable pour la nouvelle industrie. Ce fut d'abord la concession d'un chemin de fer de Montpellier à Cette à Mellet et Henry, que leur première tentative avait encouragés.

Presqu'en même temps, Em. et Isaac Péreire, James de Rothschild et Louis d'Eichtal, décidément lancés par les Saint-Simoniens dans cette nouvelle carrière, obtenaient

____

(1) 7,645, Lettre du 28 janvier 1835.

la concession du chemin de fer de Paris à Versailles (rive droite), entreprise qui leur réservait, d'ailleurs, plus de déboires que de succès, à cause de l'exécution simultanée d'une ligne concurrente, qui devait aboutir sur la rive gauche : cette double concession eut les plus fâcheuses conséquences pour la cause des chemins de fer et elle démontra l'impossibilité de la concurrence sur ce terrain. Cette ligne de Versailles, dont Clapeyron et Flachat dirigèrent la construction (1), fut achevée en 1839, et inaugurée en grande pompe par le duc d'Orléans.

Jusqu'en 1837, le gouvernement n'avait proposé, et les Chambres n'avaient voté des chemins de fer que parce qu'ils estimaient que la rivalité commerciale et politique des nations étrangères nous y obligeait ; mais ils ne voyaient là qu'une fâcheuse nécessité à laquelle on ne pouvait se soustraire, et beaucoup de députés envisageaient encore ce nouveau mode de transport comme une chimère ou comme une coûteuse inutilité. Tous cependant ne poussaient pas le scepticisme aussi loin que M. Thiers, qui s'écriait en 1836: « Si l'on venait m'assurer que l'on fera en France cinq lieues de chemins de fer par an, je me tiendrais pour fort heureux ».

A partir de 1837, au contraire, en grande partie sous l'influence des Saint-Simoniens qui, par leurs écrits et par leur exemple, entraînaient l'opinion publique, on commença à deviner l'utilité des chemins de fer et nous allons

____

(1) *Le Moniteur universel* du 10 août 1837 contenait la note suivante : « Par décision de M. le Ministre de la guerre chacun des régiments de la garnison de Paris vient d'être autorisé à fournir aux compagnies des chemins de fer de Versailles (r. d. et r. g.) dix militaires qui seront employés aux travaux de terrassement. » C'était une nouvelle tentative d'application de l'armée aux travaux publics.

désormais voir le gouvernement prendre l'initiative en
cette matière. Il commença par venir au secours de l'industrie privée en accordant un prêt de 0 millions à la compagnie des chemins de fer du Gard, fondée sur l'initiative
des frères Talabot. Cette société ne pouvait arriver à constituer son fonds social tant était grande la défiance à
l'égard de la nouvelle industrie; ce prêt devait lui permettre de compléter le capital nécessaire à l'exécution de la
ligne. Ce n'était certes pas le gouvernement, ni surtout
les Chambres qui donnaient au pays l'exemple de la confiance dans les chemins de fer ! Car ce prêt ne fut voté qu'à
grand'peine par les Chambres, quoique le gouvernement
eût, comme le disait lui-même le commissaire du roi, « entouré ce prêt de toutes les garanties imaginables » (1).

La session de 1837 fut encore marquée par le vote de trois
lois, du 17 juillet 1837, qui autorisaient la concession de
chemins de fer : de Mulhouse à Thann ; d'Epinac au canal
du Centre; de Bordeaux à la Teste.

Mais la Chambre ne voulut point voter divers autres projets déposés par le gouvernement et relatifs à des lignes
vraiment importantes: de Paris à la frontière de Belgique;
de Lyon à Marseille; de Paris à Orléans; de Paris au Hâvre
et à Dieppe; de Paris à Tours.

Un autre projet, qui ne fut pas non plus voté, avait pour
effet d'accorder un prêt de quatre millions à la société
concessionnaire du chemin de fer d'Andrézieux à Roanne.
Cette compagnie, fondée en 1829 par Mellet et Henry,
avait vu ses évaluations primitives considérablement dépassées; elle avait eu à subir le contre-coup de la révolution de 1830 et de la crise commerciale et industrielle de

____

(1) *Moniteur universel*, 27 juin 1837. Voy. aussi la *loi du 17 juillet 1837*.

1831, et, après avoir achevé ses travaux, elle n'avait pu se procurer le matériel roulant nécessaire. Constituée en faillite le 1er mai 1836, elle se tournait vers l'Etat, lui demandant de lui prêter la somme indispensable pour désintéresser les créanciers, améliorer le chemin et compléter le matériel. Vu l'utilité de la ligne, la commission s'était déclarée favorable au prêt que le gouvernement proposait d'accorder ; mais la Chambre fut d'un avis contraire.

La session se termina par une très intéressante discussion générale sur les chemins de fer. Puis, le gouvernement, désireux de s'éclairer plus complètement, nomma une commission extraparlementaire pour étudier les questions relatives à leur exécution; cette commission compta parmi ses membres Cerclet, l'ancien collaborateur du *Producteur*. Pour obéir à l'opinion publique, qui attendait avec impatience la construction des chemins de fer, elle précipita ses travaux et elle solutionna en sept séances des questions qui eussent exigé un long travail. Aussi, les idées qu'elle émit ne purent servir que d'ébauche.

Les Saint-Simoniens avaient suivi avec un grand intérêt ces discussions à la Chambre et ils durent être assez désappointés, en voyant repousser les projets que le gouvernement avait déposés. Enfantin s'en consolait cependant pour la raison suivante, qu'il exposait dans une lettre du 7 juillet 1837 adressée à son cousin le général Saint-Cyr Nugues : « J'ai appris avec grand plaisir, écrivait-il, que la Chambre en s'abstenant cette année de prononcer sur les grandes lignes de chemins de fer, paraissait toutefois disposée, en grande majorité, à considérer ces grandes lignes comme devant être faites par le gouvernement » (1). On évitera

____

(1) *Œuvres*, t. XXXI, p. 115.

ainsi, pensait-il, l'agiotage, l'absence de plan général et le danger de monopole ; ce système permettrait aussi une meilleure exécution des travaux et l'application, sur une large base et avec méthode, des troupes aux travaux publics. Enfin l'Etat pourrait exécuter des chemins de fer qui ne procureraient pas un revenu suffisant pour déterminer des compagnies à les entreprendre, « mais qui auraient cependant une immense importance morale, soit pour la défense extérieure du territoire, soit pour la surveillance et la police intérieure, soit même pour la splendeur, pour le luxe d'art que certains lieux capitaux ou noblement illustrés exigent ».

Du reste, Enfantin caressait toujours le rêve de voir les princes diriger les travaux. Il voudrait « un ou plusieurs des fils du roi... à la tête des ouvriers; et certes, si le Gouvernement exécute les grandes lignes de chemins de fer, les princes y paraîtront souvent, je n'en doute pas ; mais je crois qu'ils n'y doivent pas paraître en amateurs, en badauds qui vont voir comment est fait un rail ou un wagon, comme ils peuvent faire aujourd'hui sur le chemin de Saint-Germain, et comme un bourgeois va voir une revue; cela n'est pas digne d'eux... Et c'est pour cela qu'il faudrait que dans les études des plus jeunes princes, entrassent les connaissances de l'ingénieur » (1).

Car Enfantin juge que « les chemins de fer ne seront un fait politique que si c'est le duc d'Orléans qui fait le premier et le duc de Nemours le second » (2).

D'ailleurs, il voyait toujours dans leur exécution le moyen d'affermir en Europe une paix que la question d'Orient menaçait gravement : « Il me semble, écrit-il,

____

(1) *Ibid.*, t. XXXI, pp. 115 et ss.
(2) *Ibid.*, t. XXXI, p. 300.

qu'un moyen de diminuer, sinon de faire disparaître la guerre, c'est de mettre des chemins de fer ...là où nous élèverions de nombreuses forteresses » (1).

Des amis d'Enfantin essayèrent, à cette époque, de lui préparer sa rentrée dans le monde, en lui procurant une situation dans l'une de ces nouvelles entreprises; et cette perspective n'était pas pour déplaire au Père. « Une seule chose me fait considérer le projet comme réalisable, écrit-il le 8 janvier 1838, et c'est aussi ce même motif qui me fait penser que c'est la meilleure et presque la seule route que je puisse prendre pour rentrer activement dans le monde : c'est que toutes les objections qui seraient relatives à mes dix dernières années doivent être très atténuées, quant aux chemins de fer, par les noms qui figurent dans celui de Saint-Germain, noms qui ont tous été accolés de très près au mien depuis dix ans. Flachat, Péreire, Fournel, Michel Chevalier, Bonnet sortent tous du même coin, Lamé et Clapeyron sont mes amis intimes, et le nom de d'Eichtal qui y figure encore est furieusement cousin germain de celui d'Enfantin ; je ne vois guère que M. de Rothschild, dans cette entreprise, qu'on ne puisse pas accuser d'avoir figuré à la rue Monsigny. D'un autre côté, je vois bien qu'il est en général admis que nous avons été très vivement promoteurs de cette nature d'entreprises ; quant à moi personnellement on sait aussi que j'étais allé en Egypte pour une affaire du même genre ; enfin mon titre d'ancien élève de l'Ecole est bien aussi quelque chose » (2).

Mais les démarches ne reçurent aucune suite, et ce que les amis d'Enfantin obtinrent, ce fut de le faire nommer,

---

(1) *Ibid.*, t. XXXI, pp. 115 et ss.
(2) *Ibid.*, t. XXXI, p. 150.

en décembre 1839, membre de la commission d'Afrique ;
à ce titre, il partit pour l'Algérie, d'où il ne revint qu'en
1841.

Pendant que les Chambres discutaient et votaient la loi
du 0 mars 1838, qui autorisait la concession d'un chemin
de fer de Bâle à Strasbourg, le gouvernement, s'appuyant
sur les travaux de la commission de 1837, préparait et pré-
sentait un projet de loi portant création d'un réseau qui
comprenait les lignes suivantes : de Paris à Rouen et au
Havre, à la frontière de Belgique, à la frontière d'Allemagne, à Nantes et à la frontière maritime de l'Ouest, à la
frontière d'Espagne, à Toulouse; de Bordeaux à Marseille;
de Marseille à la frontière de l'Est. Le ministre, reconnais-
sant l'impossibilité d'entreprendre toutes ces lignes en même temps, proposait de construire d'abord les plus utiles :
de Paris à la frontière de Belgique, à Rouen, à Orléans ;
de Marseille à Avignon. C'était l'Etat qui devait se charger
de la construction des lignes principales et il devait faire
face aux dépenses occasionnées par ces travaux au moyen
des excédents des budgets et des réserves de l'amortissement. C'était la réalisation, quant au programme et quant
au mode d'exécution, des idées émises par les Saint-Simoniens.

Malheureusement ce projet de réseau ne fut pas voté, à
la suite du rapport d'Arago qui en proposa le rejet, en
donnant comme raison qu'il ne fallait pas se lancer dans
la construction des chemins de fer tant que ceux-ci étaient
encore dans l'enfance. « Ne pas admettre avec l'exposé
des motifs, déclara-t-il, que deux tringles de fer parallè-
les donneront une face nouvelle aux landes de Gascogne,
tels étaient nos devoirs et nous les avons scrupuleusement

accomplis » (1). En réalité, ce rejet, comme d'ailleurs celui des projets présentés l'année précédente, avait pour cause une raison d'opposition politique ; on avait seulement voulu le placer sous l'égide de la science.

Michel Chevalier devait s'élever, avec raison, contre « ces passions... liguées contre l'exécution des chemins de fer... La première, dit-il, a été cet esprit d'indiscipline qui nous souffle la défiance contre l'autorité... ; l'autre a été l'envie. Le gouvernement voulait faire les chemins de fer lui-même... A cette proposition, grande explosion ; les rivalités politiques s'en mêlèrent. La science elle-même, sophistiquée par la passion, vint donner son appui à l'esprit d'opposition systématique. Un savant illustre eut la faiblesse de prêter l'autorité de son nom à ce complot ourdi contre les chemins de fer. L'exécution par l'Etat fut repoussée à une majorité immense... Le gouvernement se retourna vers l'industrie privée... Nouvel orage ! Quoi les banquiers, les capitalistes vont s'enrichir de ces entreprises!... C'est la féodalité qui renaît de ses cendres. Les projets de concession à des compagnies furent donc écartés ou mutilés ou hérissés de clauses qui en rendaient l'acceptation impossible à des actionnaires sérieux » (2).

La Chambre, en effet, repoussa l'exécution par l'industrie privée comme elle avait repoussé la construction par l'Etat, et, après avoir voté en juillet 1838 la concession du chemin de Paris au Havre, elle l'annula l'année suivante, plutôt que d'autoriser la compagnie, victime de la crise financière qui éclata sur le marché, à n'exécuter que la portion de Paris à Rouen. L'ingénieur en chef de cette

---

(1) *Moniteur universel*, 26 avril 1838.
(2) M. Chevalier, *Chemins de fer* (Extrait du *Dictionnaire de l'Economie politique*), p. 100.

compagnie était Bineau, l'un des anciens hôtes de la rue Monsigny.

L'année 1838 ne vit donc que la concession d'un chemin de fer de Paris à Orléans et d'un autre de Montpellier à Nîmes.

C'est Charles Didion qui fut chargé de la construction de cette dernière ligne; en même temps il étudiait complètement le projet d'un chemin de Marseille à Avignon, et « depuis cette époque il n'est pas, du Nord au Midi de la France, une entreprise de chemin de fer qui ne sollicite ses conseils ou son concours » (1).

Quant à la ligne de Paris à Orléans, elle fut construite par Adolphe Jullien, qui touchait de fort près aux Saint-Simoniens; il était l'ami de plusieurs des apôtres et s'était intéressé à la campagne du *Globe*. Il se forma alors deux écoles d'ingénieurs, ayant toutes deux des Saint-Simoniens à leur tête : l'école du chemin de Saint-Germain, qui prônait l'emploi des rails lourds et des machines lourdes; et l'école du chemin de Paris à Orléans, qui hésitait, au contraire, et semblait préférer les principes des ingénieurs anglais, c'est-à-dire les rails légers et les machines légères.

A l'occasion du projet de réseau présenté par le ministère parut un ouvrage, qui valut à son auteur les honneurs du Conseil d'Etat, *Les Intérêts matériels en France* de Michel Chevalier. Sa compétence en cette matière était indiscutable, puisqu'il avait successivement étudié les chemins de fer américains, anglais, belges et allemands.

D'après M. Chevalier, la question qui se pose actuelle-

<hr>

(1) G. Noblemaire, *op. cit.*

ment est celle de l'affranchissement de la démocratie, et il y a une étroite liaison entre la liberté des classes laborieuses et les intérêts matériels. La Monarchie de Juillet doit donc étendre « sa protection féconde sur tous les intérêts » (1). Il y a trois ordres principaux d'améliorations matérielles : les voies de communications, les institutions de crédit, une éducation pratique et industrielle.

En particulier, « tout est mûr, et les choses et les hommes, pour un vaste développement des voies de communication ; partout l'esprit public les patronise; de toutes parts l'élan est donné; les conseils généraux des départements et les conseils municipaux luttent de zèle avec le Gouvernement et avec la Chambre des députés pour les améliorer et les multiplier. De tous côtés des fonds sont votés avec ardeur... Une loi récente, celle du fonds des travaux publics extraordinaires... fournira d'amples ressources aux routes, aux canaux et aux chemins de fer : les fonds des communes et ceux des caisses d'épargne qui affluent au Trésor, accroissent encore la masse des capitaux disponibles pour cet usage, et d'ailleurs, s'il fallait emprunter, la France a bon crédit... Il ne nous manque plus qu'un plan d'ensemble qui soit de nature à être réalisé dans un délai médiocre, dans dix ou douze ans par exemple » (2). Michel Chevalier, qui, d'ailleurs, s'exagère l'ardeur de la Chambre à voter des chemins de fer, cherche à élaborer ce plan général de travaux publics ; car le projet présenté par l'administration exigerait trop d'argent et trop de temps, à cause du mode, à peu près exclusivement proposé, de l'exécution par l'État: il implique une dépense de

---

(1) M. Chevalier, *Des intérêts matériels en France*, p. 8.
(2) *Ibid.*, pp. 19-20.

trois milliards, et une période de trente ans, en allouant cent millions par an au budget des travaux publics.

Il faut donc trouver un plan nécessitant une somme beaucoup moindre et un intervalle de temps beaucoup moins long, ne comportant qu'un milliard de dépenses à la charge de l'Etat et que dix années pour la durée des travaux. Ce plan devra comprendre des routes, des lignes de navigation et des voies ferrées.

Après avoir indiqué l'influence politique et sociale, et la portée administrative des chemins de fer (1), et avoir exposé les avantages respectifs de ce mode de transport et des voies navigables pour le service des marchandises et des voyageurs (2), Michel Chevalier passe en revue les lignes qui sont réclamées immédiatement, en en montrant les avantages (3) : au premier rang, le chemin de fer du Nord, qui sera le chemin de Paris à Londres et aussi de Bruxelles ; puis les lignes de Paris à Rouen et au Havre et de Paris à la frontière d'Espagne ; enfin celles de Paris à Marseille, de Paris à Strasbourg, de la Méditerranée au golfe de Gascogne et de la Méditerranée à la mer du Nord.

Mais, « si désirables cependant que soient tous ces chemins de fer et quelques autres encore, il n'est pas possible que nous les entreprenions tous aujourd'hui. Contraints de modérer nos dépenses, il faut que nous sachions modérer nos désirs. Recherchons s'il ne serait pas possible d'obtenir, au moins dans une proportion déjà satisfaisante, les résultats politiques, administratifs et commerciaux que pourrait nous valoir l'exécution complète d'un vaste réseau, en combinant d'après certaines règles un nombre

----

(1) *Ibid.*, pp. 198 et ss.
(2) *Ibid.*, pp. 210 et ss.
(3) *Ibid.*, pp. 263 et ss.

restreint de chemins de fer avec les autres moyens de transport » (1). Sur tout ou partie du réseau, on pourra ainsi suppléer provisoirement les chemins de fer au moyen des bateaux à vapeur. On n'aurait alors à construire : de la ligne de Paris à la Méditerranée, que le chemin de fer de Paris à Saint-Symphorien et celui de Marseille à Beaucaire ; de la ligne de Paris à la frontière d'Espagne, que les sections de Paris à Orléans, de Tours à Bordeaux et de Bordeaux à Bayonne; de la ligne de Paris vers l'Allemagne, que la partie comprise entre Châlon et Strasbourg; de la ligne de Paris à la mer, que le chemin de fer de Paris au Havre à partir de Pontoise ; de la ligne directe de la Méditerranée à la mer du Nord, que le chemin de Saint-Symphorien à Mulhouse ; de la ligne directe de la Méditerranée au golfe de Gascogne, que la section de Moissac à Cette. Seul le chemin de fer de Paris vers l'Angleterre et la Belgique devrait être construit entièrement.

Ce système, assez ingénieux, réduisait le réseau à construire de 1.024 lieues à 618, et la dépense d'un milliard à 495 millions (2).

Michel Chevalier indiquait alors quelle serait la durée et quels seraient les frais du voyage d'une extrémité à l'autre de la France, dans les principales directions, au moyen de ce système; il exposait ensuite les avantages matériels, administratifs et politiques de ce réseau provisoire combiné avec les bateaux à vapeur. Le plan général de travaux publics, comprenant les routes, lignes navigables, chemins de fer, ports et travaux d'irrigation, impliquerait une dépense totale de 1170 millions à répartir sur

---

(1) *Ibid.*, p. 266.
(2) *Ibid.*, pp. 297 et ss.

douze années. Qu'était cette somme en comparaison des 300 millions que la France consacre chaque année aux dépenses militaires, et aux milliards que l'on trouve facilement pour la guerre ? Désormais les ressources prodiguées à des querelles de peuple à peuple doivent être employées à enrichir le pays, affranchir les classes pauvres et garantir les classes aisées des plus grands dangers.

Cet ouvrage renfermait, en outre, quantité de notes annexes relatives aux routes, voies navigables et chemins de fer, notes qui constituaient des renseignements fort utiles pour les ingénieurs.

Ces idées étaient reproduites dans un mémoire lu par l'auteur à l'Académie des Sciences morales et politiques dans les séances des 10 et 17 mars; des extraits en parurent dans la *Revue des Deux-Mondes* (1).

C'est sans doute en pensant surtout aux *Intérêts matériels* qu'Audiganne écrivait vingt ans plus tard : « Parmi les ouvrages relatifs aux chemins de fer appartenant à l'ordre économique, ceux qui ont ouvert les plus larges perspectives à la pensée publique sont, sans contredit, les ouvrages de M. Michel Chevalier... On est frappé des éclairs qui s'y rencontrent sur l'avenir des voies ferrées. L'auteur avait très justement deviné sous ce rapport et le caractère de nos tendances et les exigences de notre temps. Ingénieur et publiciste, doué comme écrivain d'un talent d'exposition des plus rares, il sut à merveille tirer parti de cette mine féconde; il sut dans ses appréciations se soustraire à tout esprit d'école. La partie dominante de son rôle a consisté à familiariser l'esprit public avec la connaissance

____

(1) *Revue des Deux-Mondes*, année 1838, n° du 15 mars (*Des chemins de fer comparés aux lignes navigables*), et n° du 15 avril (*Du réseau des chemins de fer tel qu'il pourrait être établi aujourd'hui en France*).

générale du sujet, à en faire ressortir la haute portée, soit dans l'ordre social, soit dans l'ordre matériel. On peut même dire qu'aucun autre publiciste n'a autant contribué à rendre populaires en France les notions relatives aux grands travaux publics ». (1)

Enfantin, quoiqu'èn Algérie, continuait aussi sa prédication en faveur des chemins de fer: il faisait de « l'apostolat royal », écrivant une *Lettre au roi*, pour demander à Louis Philippe d' « être le roi des travailleurs ». Il faisait ensuite de l' « apostolat princier », adressant au duc d'Orléans toute une *Corespondance politique* dans laquelle il lui conseillait de jouer le rôle de prince industriel et l'engageait à prendre Lamartine comme président du conseil ; car Lamartine, qui était à la Chambre des députés le défenseur de la cause des chemins de fer et de l'exécution par l'État, inspirait une profonde admiration à Enfantin. « Lamartine ! écrivait-il, mais vous auriez beau acheter une trompette d'or un million, elle ne sonnerait pas mieux et plus haut que la voix de cet homme ».

Une nouvelle cause de retard dans l'exécution des chemins de fer vint s'ajouter, au commencement de 1839, aux causes politiques : le développement inconsidéré des sociétés en commandite, conséquence de la législation sur les sociétés anonymes, donna lieu à des abus, qui effrayèrent les capitaux et provoquèrent une crise. Les entreprises de chemins de fer furent les premières atteintes: des projets de lignes nouvelles furent ajournés, et des concessions annulées ; des compagnies déjà organisées durent faire appel à l'Etat. Jusque-là, en effet, le gouvernement n'était

____

(1) **Audiganne,** *op. cit,* t. I, p. 333.

pas encore venu en aide à l'industrie privée, sauf pour les chemins du Gard; pourtant, comme l'avaient montré Em. Péreire, Michel Chevalier et les auteurs des *Vues politiques et pratiques*, ce concours était indispensable, surtout pour les lignes de quelque importance.

Le vote des projets de loi présentés par le gouvernement allait du reste être facilité par un changement de ministère: au cabinet Molé, que l'opposition avait voulu combattre sur tous les terrains, succéda en mai 1839, après plusieurs mois passés sans ministère, le cabinet Soult. M. Dufaure, ministre des travaux publics, eut la sagesse de ne pas aborder la question des chemins de fer dans son ensemble et de ne demander que quelques concessions isolées.

C'est à la compagnie du chemin de Paris à Versailles (rive gauche) que l'Etat accorda tout d'abord son concours financier: car l'estimation des dépenses avait été de beaucoup dépassée pour l'acquisition des terrains et l'exécution des travaux, et la société concessionnaire n'avait pu, par suite de la crise financière, réaliser l'emprunt qu'elle avait décidé pour se procurer des ressources; après de longues discussions, les Chambres autorisèrent le gouvernement à consentir à cette compagnie un prêt de cinq millions.

Puis la société concessionnaire du chemin de Paris à Orléans, qui n'avait pu obtenir, par suite du discrédit qui frappait les entreprises de chemins de fer, la rentrée du deuxième versement d'acomptes sur ses actions, vit restreindre ses engagements à la portion comprise entre Paris et Juvisy et à l'embranchement de Corbeil.

M. Dufaure, qui avait l'intention de présenter au cours de la session de 1840 un projet de réseau, voulut aupara-

vant s'éclairer des avis d'hommes compétents et, à cet effet,
il réunit à la fin de 1839 une nouvelle commission extraparlementaire. Elle travailla plus sérieusement que sa de-
vancière. Appelée à se prononcer sur la question de l'exécution par l'Etat ou par l'industrie privée, elle repoussa
tout système absolu et fut d'avis que l'Etat ne devait se
charger que des lignes les plus importantes, et n'exécuter, dans ce cas, que l'infrastructure, les concessionnaires
se chargeant de la superstructure. Elle se prononça ensuite
sur les diverses formes que l'on pouvait donner au concours financier de l'Etat dans la construction des lignes
entreprises par l'industrie privée.

Cette commission n'avait montré que peu d'enthou-
siasme pour le système de la garantie d'intérêt. L'un des
membres de l'école saint-simonienne, Félix Tourneux,
intervint alors pour prendre la défense de ce mode de concours, qu'il considérait « comme le plus efficace et le moins
onéreux, en même temps que... le plus honorable » (1).
Dans un écrit, qu'il fit paraître en toute hâte, il fit ressortir les inconvénients de la prise d'actions et du prêt, qui lui
paraissaient « tout à fait indignes du gouvernement par
les chances de bénéfices directs qu'ils présentent » (2) ; la
subvention gratuite devait également être repoussée. Au
contraire, il vantait les avantages de la garantie d'intérêt
et s'attachait à réfuter toutes les objections que l'on faisait à ce mode de concours. La raison, pour laquelle il pré-
férait ce système, était assez curieuse: c'était un motif de
dignité nationale ! « Personne ne niera, je pense, qu'il n'y
ait un certain air de grandeur dans un gouvernement

____

(1) Félix Tourneux, *Chemins de fer. Du concours de l'Etat*, p. j.
(2) *Ibid.*, p. 13.

offrant aux industries qui naissent sous ses lois, l'appui de son crédit et au besoin de sa bourse, sans en réclamer autre chose qu'une restitution quand elle est possible. Ce détachement complet de toute idée mercantile, cette stipulation que le débiteur ne se libérera de sa dette que dans la mesure de sa prospérité future, me paraissent s'adapter merveilleusement à notre caractère national, et en particulier à l'Etat qui est chargé de conserver intact l'honneur du pays » (1) ; car « bien plus que la femme de César, le pouvoir ne doit jamais être soupçonné » (2).

Ce fut, en effet, le système de la garantie d'intérêt qui prévalut dans une certaine mesure: modifiant les projets de loi qu'avait préparés M. Dufaure en s'inspirant des solutions proposées par la commission, la Chambre accorda la garantie d'intérêt à la compagnie du chemin de fer de Paris à Orléans. Les concessionnaires de la ligne de Strasbourg à Bâle obtinrent un prêt de 12.600.000 francs, et la société fondée par Mellet et Henry reçut un prêt de 4 millions pour le chemin d'Andrézieux à Roanne. Cette entreprise était ainsi relevée de la faillite prononcée contre elle en 1839 et mise à même de reprendre l'exploitation.

Enfin, cette loi du 15 juillet 1840 ouvrait au gouvernement trois crédits pour l'exécution par l'Etat de chemins de fer: de Lille et de Valenciennes à la frontière de Belgique, et de Montpellier à Nîmes. Ch. Didion, l'ingénieur saint-simonien, fut chargé de la construction de cette ligne, au moment même où on lui offrait de diriger les travaux du chemin de fer de Paris à Rouen, concédé par une

---

(1) *Ibid.*, p. 16.
(2) *Ibid.*, p. 29.

loi du 15 juillet 1840 ; mais il préféra rentrer au service de l'Etat.

La loi qui autorisait la concession d'une ligne de Paris à Rouen, accordait à la compagnie un prêt de quatorze millions. Ce concours financier de l'Etat devait permettre l'exécution de ce chemin de fer, étudié, demandé et concédé un des premiers, mais qui n'avait pu être entrepris sans l'aide du Trésor.

Au nombre des concessionnaires se trouvait un banquier célèbre, M. Ch. Laffitte, qui s'était souvenu qu'à une autre époque il avait été le patron des idées saint-simoniennes. Quand Saint-Simon, ruiné par ses prodigalités, avait voulu publier ses cahiers sur l'*Industrie*, il avait dû prier plusieurs banquiers de lui fournir l'argent nécessaire pour cette publication. Lorsque l'ouvrage parut, plusieurs d'entre eux s'effrayèrent des idées qui y étaient présentées et déclarèrent, par une lettre rendue publique, qu'on avait abusé de leurs noms et qu'ils n'approuvaient pas ces idées.. Cependant quelques-uns des souscripteurs, dont Charles Laffitte, refusèrent de s'associer à ce désaveu ; car ce banquier, qui fut souvent en rapport avec Saint-Simon, « comprenait trop bien l'importance du travail et de la production industrielle, bien qu'il n'entrât point tout à fait dans la voie que Saint-Simon lui traçait, lorsqu'il s'efforçait de lui persuader « que les banquiers ne s'étaient pas encore aperçus qu'il y avait plus à gagner avec les peuples qu'avec les rois » (1). Concourir à la construction des chemins de fer, c'était, semble-t-il, entrer dans cette voie.

L'année 1840 ne vit point d'autre concession : le gouvernement, en effet, était trop préoccupé par la tournure in-

______

(1) G. Hubbard, *Saint-Simon, sa vie et ses travaux*, p. 80.

quiétante que prenait la question d'Orient et par l'idée d'une conflagration universelle, pour songer à autre chose.

Pour la même raison, l'année 1841 ne fut marquée que par le vote d'une loi qui prorogeait la concession du chemin de fer de Bordeaux à la Teste; c'était une conséquence de la faute commise par le législateur de 1837: en adoptant le principe de l'adjudication et en prescrivant que le rabais porterait sur la durée de la concession, on avait abouti à une durée trop courte, 35 ans. Au moment de construire, la compagnie, qui avait vu ses évaluations primitives de dépenses notablement dépassées, n'avait pas voulu s'engager dans des sacrifices dont elle n'aurait pas le temps de se rémunérer, et elle avait demandé une prorogation. Elle lui fut accordée et la concession fut portée à 70 ans.

Pendant cette même session, le gouvernement avait présenté un autre projet de loi autorisant la concession d'un chemin de fer de Paris à Meaux; il y avait pour cette ligne plusieurs projets: l'un d'eux émanait d'Eug. et Stéph. Flachat. Mais l affaire resta sans suite.

En accordant son concours aux compagnies de chemins de fer, l'Etat s'était engagé pour une somme de 66.350.000 francs; les dépenses déjà faites par le Trésor s'élevaient, à la fin de 1841, à 25.878.000 francs. Pour pourvoir à toutes ces dépenses, une loi du 17 mai 1837 avait créé un fonds extraordinaire pour les travaux publics, alimenté par les excédents des budgets et les réserves de l'amortissement.

Ainsi se trouvaient réalisées la plupart des idées défendues par les Saint-Simoniens: le gouvernement se décidait enfin à venir en aide à l'industrie privée; il allait entreprendre lui-même la construction de chemins de fer; enfin, il faisait face aux dépenses ainsi engagées au moyen des réserves de l'amortissement. Leurs prophéties elles-mêmes se justifiaient: le système de l'adjudication et de la concurrence, qu'avaient combattu les *Vues politiques et pratiques*, commençait à montrer ses effets désastreux.

Une idée chère aux Saint-Simoniens trouvait aussi sa réalisation: ils avaient demandé, en 1832, que des fêtes publiques accompagnassent l'exécution des grands travaux et que l'inauguration des chemins de fer fût faite en grande pompe.

Or, en 1841, eut lieu l'inauguration de la ligne de Strasbourg à Bâle, et Michel Chevalier, qui y assistait, décrivit, dans des lettres adressées au *Journal des Débats*, les fêtes qui eurent lieu à cette occasion. Le ministre des travaux publics, entouré de préfets, de généraux, de députés, d'ingénieurs, de musiques militaires et de la garde nationale, assista à la fête de Mulhouse. Mais, ce qui, aux yeux de Michel Chevalier, rehaussa l'éclat de cette inauguration, ce fut le concours du clergé.

M. Chevalier célèbre le discours prononcé par M. l'évêque coadjuteur de Strasbourg et il est émerveillé du défilé des locomotives devant l'évêque pour recevoir sa bénédiction. Ainsi « l'Eglise catholique est au moment de se réconcilier avec les tendances novatrices de l'époque... Le clergé français dirige son attention et ses efforts du côté de l'industrie... De plus en plus, l'Eglise embrasse dans le cercle de ses solennités les fêtes industrielles... Et ne dites pas qu'en cela le catholicisme s'écarte de sa ligne et rompt avec ses traditions..., car les fêtes de l'agriculture, qui apparemment est une industrie, il les a solennisées dès l'origine » (1). Et M. Chevalier se réjouit de cet heureux changement, car « sans l'intervention de la religion, du système manufacturier sortira un régime d'anarchie brutale... A l'ombre de la foi religieuse, au contraire, il donnera naissance à la liberté pratique » (2).

Célébrant l'entreprise et ses ingénieurs, M. Chevalier estime que « des actes industriels de cette portée... sont comparables à ce qu'est, chez un peuple voué à la guerre, le gain d'une bataille » et à ses yeux, l'ingénieur en chef, M. Kœchlin, « est ce qu'eut été il y a trente ans un général victorieux ». Il profite de cette circonstance pour entretenir ses lecteurs des chemins de fer qui devraient être construits en Alsace (3) et des effets bienfaisants de ce moyen de communication: « Voilà pourquoi notre patrie manquerait à sa mission d'initiative et serait déchue de son rang, si elle ne s'empressait de donner le signal de l'entreprise du réseau européen (4)... L'exécution des lignes françaises est devenue une affaire de nécessité, de dignité nationale » (5).

Et, au banquet qui suivit l'inauguration, M. Chevalier porte un toast « à la prompte exécution des chemins de fer européens ».

Nommé à la chaire d'économie politique au Collège de France, il défend les mêmes idées et réclame l'intervention de l'Etat dans les travaux publics (6). Le grand problème social qui se pose à l'heure actuelle, c'est celui d'élever

---

(1) M. Chevalier, *Lettres sur l'inauguration du chemin de fer de Strasbourg à Bâle*, 2ᵉ lettre, p. 37.

(2) *Ibid.*, p. 39.

(3) *Ibid.*, 1ʳᵉ lettre.

(4) *Ibid.*, 2ᵉ lettre.

(5) *Ibid.*, Toast de M. Chevalier, p. 107.

(6) M. Chevalier, *Cours d'Economie politique*, t. I; discours d'ouverture de 1840 et de 1841.

la condition morale, intellectuelle et matérielle des populations : l'industrie aidera à le résoudre, car le progrès du bien-être résulte de l'accroissement de la puissance productive des sociétés, et les voies de communication, les institutions de crédit et l'éducation professionnelle sont les trois moyens généraux d'accroître la puissance productive. Dans son cours de l'année 1841-1842, il étudie spécialement l'influence que les voies de communication exercent sur le bon marché (1). Dès sa leçon d'ouverture de 1841, il annonce qu'il examinera en 1842-1843 les voies de communication sous le rapport des agents d'exécution, mais il pose de suite le principe que les gouvernements doivent concourir à leur exécution : « c'est pour eux un devoir ». L'intervention de l'Etat « ne doit pourtant pas être un monopole »; il « ne doit pas construire toutes les voies de transport de ses seuls deniers, par ses seuls agents », mais au contraire « appeler les forces et les capitaux de l'industrie privée à y concourir. » Indiquant alors les systèmes employés pour combiner l'action du gouvernement avec l'action de l'industrie privée, il signale au premier rang le système de la garantie d'un minimum d'intérêt (2).

En même temps, M. Chevalier publiait le résultat des observations qu'il avait faites de 1833 à 1836 au cours de sa mission en Amérique (3). Ces observations, jointes à celles qu'il avait faites en 1837 pendant une autre mission en Angleterre, donnaient à ses leçons beaucoup d'attrait et d'autorité, et il exerça par ce moyen une grande influence.

---

(1) *Ibid.*, 4ᵉ, 7ᵉ, 10ᵉ, 12ᵉ, 13ᵉ leçons.
(2) *Ibid.*, t. I, pp. 48-52.
(3) M. Chevalier, *Histoire et description des voies de communication aux Etats-Unis.*

A partir de 1842, du reste, l'industrie des chemins de fer va prendre en France un remarquable essor, grâce au concours de l'Etat et de l'industrie privée ; nos ingénieurs, auxquels on avait « retiré les fonds pour faire une offrande au démon de la guerre » et qu'on obligeait « à rester l'arme au bras devant leurs ouvrages à demi-maçonnés » (1) vont pouvoir reprendre leurs travaux. Les Saint-Simoniens, heureux de voir triompher leurs idées, vont se trouver au premier rang.

____

(1) M. Chevalier, *Lettres sur l'inauguration du chemin de fer de Strasbourg à Bâle*, 3e lettre, p. 64.

CHAPITRE VII

La loi de 1842 et le développement du réseau.

L'attention du gouvernement et des Chambres avait été, en 1840, détournée des chemins de fer par suite de la tournure inquiétante prise par la question d'Orient. Ce n'est qu'en 1841 qu'on put reprendre les études pour la construction d'un réseau ; le résultat de ces études fut le projet de loi présenté à la Chambre le 7 février 1842. Le cabinet était alors présidé par M. Guizot, qui avait, en octobre 1840, succédé à M. Thiers, dont le ministère n'avait duré que quelques mois. Le cabinet Guizot resta au pouvoir jusqu'en 1848 ; cette longévité ministérielle permit au gouvernement de poursuivre avec esprit de suite l'exécution des chemins de fer.

Le projet qui portait classement de tout un réseau, prévoyait le concours financier de l'Etat et des localités intéressées : c'était l'application de deux idées défendues depuis longtemps par Em. Péreire. Celui-ci écrivit, du reste, une *Lettre à M. le Ministre des travaux publics* (1) pour lui rappeler qu'il avait déjà demandé, avant la présentation de ce projet de loi, la concession de la ligne de Versailles à Chartres pour une société formée par la réunion des deux compagnies de Paris à Versailles, et la concession d'une ligne de Paris à Compiègne pour la compagnie de Saint-Germain, aux conditions suivantes : les départements et les communes auraient acquitté les deux tiers du prix des terrains, l'Etat aurait exécuté l'infrastructure, et les concessionnaires se seraient chargés de la suprastructure et de l'acquisition du matériel. Les compagnies se seraient procuré les capitaux nécessaires non par une émission d'actions, mais par un emprunt, sous forme d'obligations : car les capitaux de spéculation s'étaient éloignés des chemins de fer et il serait impossible de fonder une société par actions ; on trouverait, au contraire, assez facilement des capitaux de placement.

Le projet de loi présenté par le ministère reçut bon accueil de la commission à la Chambre des députés ; elle donna son adhésion complète au principe du classement et approuva le mode d'éxécution proposé par le gouvernement.

La nécessité du concours de l'Etat fut fort bien démontrée par le rapporteur, M. Dufaure ; après avoir exposé combien les capitaux avaient été effrayés par la crise de 1837, il retraça l'état des chemins de fer en 1842. « Le peu de succès des chemins de fer entrepris avec le plus d'éclat, disait-il, a effrayé les plus hardis. Quand on a vu les deux

____

(1) *Lettre à M. le Ministre des Travaux publics sur le projet de loi des chemins de fer.*

chemins de fer de Versailles coûter trois ou quatre fois le montant de leur évaluation primitive, les fortunes les plus considérables de l'époque entreprendre le chemin de Rouen (rive droite de la Seine), et puis supplier les pouvoirs législatifs de résilier la concession qu'ils avaient obtenue, il n'est pas surprenant que les capitaux aient abandonné ces entreprises. Peut-être y reviendront-ils, peut-être reprendront-ils confiance, peut-être seront-ils un jour encouragés par les succès croissants du chemin de Saint-Germain, par la prompte et habile exécution du chemin d'Alais à Beaucaire, par l'exemple des deux compagnies qui, avec l'appui du gouvernement, vont en si peu de temps mettre Orléans et Rouen en communication avec Paris. Pour le moment ces capitaux ne paraissent pas, ne se réunissent pas.

« D'autre part, les ressources financières de l'Etat ne sont pas sans limites. Nous serons bientôt obligés de vous le dire : ce que nous vous proposons d'entreprendre nous paraît très hardi ; aller plus loin nous semblerait une inexcusable témérité. Cependant il faut aborder ce grand travail qui importe à la dignité et à la prospérité du pays. On est ainsi conduit à réunir et à combiner l'action de l'Etat et de l'industrie privée » (1).

La discussion à la Chambre fut très brillante ; les Saint-Simoniens y jouèrent un rôle actif. Car, d'une part, des passages de l'ouvrage de Michel Chevalier sur les *Voies de communication aux Etats-Unis* furent cités par M. Fould, et, d'autre part, Léon Talabot entra, au sujet de l'influence des chemins de fer sur le commerce extérieur de la France, dans des développements très intéressants,

---

(1) *Moniteur universel*, 17 et 19 avril 1842.

qui éclairèrent une question sur laquelle on n'avait encore que d'insuffisants éléments.

L'opposition, pour faire échec au ministère, proposa de ne construire qu'une ligne unique ; mais cet amendement fut repoussé sur la simple épreuve par assis et levé. L'opposition ne se tint pas pour battue et se réserva de reprendre la question à propos des voies et moyens ; de cette façon on conserverait devant les localités le prestige du classement, mais on demandait d'appliquer tous les fonds disponibles à une seule ligne. Un amendement fut présenté dans ce sens par M. Chasseloup-Loubat, et M. Thiers, que son scepticisme à l'égard des chemins de fer, aussi bien que sa qualité de membre de l'opposition, désignaient tout particulièrement pour cette tâche, prit la défense de cet amendement et exposa la situation financière du pays. Il reconnaissait que les finances de la France « étaient très puissantes », mais « elles étaient engagées pour jusqu'en 1847 », par suite des dépenses extraordinaires pour travaux civils et militaires et de l'insuffisance des réserves de l'amortissement. Il fallait donc dépenser très peu pour les chemins de fer, c'est-à-dire faire une ligne unique.

La Chambre cependant se prononça en faveur de l'exécution du réseau ; la question de la ligne unique reprise à la Chambre des Pairs n'eût pas plus de succès.

Le projet fut donc voté. Ce fut la loi du 11 juin 1842, dont voici les principales dispositions.

Elle portait création d'un réseau de chemins de fer se dirigeant de Paris : sur la frontière de Belgique, par Lille et Valenciennes ; sur l'Angleterre, par un ou plusieurs points du littoral de la Manche ; sur la frontière d'Allemagne par Nancy et Strasbourg ; sur la Méditerranée, par Lyon, Marseille et Cette ; sur la frontière d'Espagne, par

Tours, Poitiers, Angoulême, Bordeaux et Bayonne ; sur l'Océan, par Tours et Nantes ; sur le centre de la France, par Bourges ; de la Méditerranée sur le Rhin, par Lyon, Dijon et Mulhouse ; de l'Océan sur la Méditerranée, par Bordeaux, Toulouse et Marseille.

L'exécution de ces lignes devait avo'r lieu par le concours de l'Etat, des départements traversés et des communes intéressées, de l'industrie privée. L'Etat se chargeait de l'infrastructure, c'est-à-dire qu'il prenait à son compte toutes les dépenses occasionnées par l'acquisition des terrains et par l'établissement des terrassements et ouvrages d'art. Les localités intéressées lui rembourseraient, jusqu'à concurrence des deux tiers, les indemnités dues pour les terrains et bâtiments dont l'occupation serait nécessaire à l'établissement des chemins de fer et de leurs dépendances. Enfin la suprastructure serait exécutée par les compagnies concessionnaires, qui fourniraient également le matériel roulant. Le gouvernement pourrait accepter les subventions qui lui seraient offertes par les localités ou les particuliers, soit en terrains, soit en argent.

A la suite d'un amendement de M. Duvergier de Hauranne, il avait été introduit dans la loi une disposition qui portait que les lignes classées pourraient être concédées, en totalité ou en partie, à l'industrie privée, en vertu de lois spéciales et aux conditions qui seraient alors déterminées. Cette disposition reçut dans la pratique une large application.

Les allocations pour la construction de ce réseau étaient de 126 millions ; il était ouvert au ministre des travaux publics un crédit de 13 millions sur l'exercice 1842, et un autre de 29 millions et demi sur l'exercice 1843. Provisoirement on devait pourvoir à ces dépenses au moyen des ressources de la dette flottante ; les avances du Trésor seraient définitivement couvertes par la consolidation des fonds de réserve de l'amortissement, qui deviendraient libres après l'extinction des découverts des budgets.

Les lignes qui devaient être entreprises les premières étaient les suivantes : le chemin de Paris à la frontière de Belgique, pour la portion comprise entre Paris et Amiens ; la ligne de Paris à la frontière d'Allemagne entre Hommarting et Strasbourg ; la partie commune aux chemins de fer de Paris à la Méditerranée et de la Méditerranée au Rhin comprise entre Dijon et Châlon ; la portion de la ligne de Paris à la Méditerranée entre Avignon et Marseille ; la partie commune aux chemins de fer de Paris à la frontière d'Espagne et de Paris à l'Océan, comprise entre Orléans et Tours ; la ligne de Paris au centre de la France, entre Orléans et Vierzon.

Enfin un crédit spécial était ouvert pour la continuation et l'achèvement des études des grandes lignes de chemins de fer.

Telle était la loi du 11 juin 1842 : grâce à elle on put sortir de la période d'inertie ; en précisant les grandes artères, en déterminant et en permettant d'organiser le concours de l'Etat, elle fit entrer les chemins de fer dans la voie de la réalisation, et elle a fortement contribué à doter la France du réseau qu'elle possède aujourd'hui.

Les Saint-Simoniens se mirent aussitôt à l'œuvre : Jules Séguin, d'une part, Talabot et Didion, d'autre part, proposèrent des tracés pour la section de la ligne de Paris à la Méditerranée, comprise entre Avignon, Beaucaire et Marseille, qui devait être exécutée immédiatement. De son côté, Em. Péreire était, lorsque la loi de 1842 vint en discussion, en négocations avec M. Legrand, directeur général des Ponts et Chaussées, pour la concession des deux lignes de Versailles à Chartres et de Paris à Compiègne ; il proposait, en outre, de faire passer par Versailles et Chartres la ligne de Paris à Tours, et d'en accorder la concession aux compagnies de Paris à Versailles réunies (1).

Un grave événement vint ajourner la réalisation de ces projets : l'accident du 8 mai 1842, survenu sur le chemin de fer de Versailles (R.-G) ; c'était un dimanche, jour de grandes eaux, et on eut à déplorer la mort de plus de cinquante personnes, dont l'amiral Dumont d'Urville.

La consternation, puis la colère furent grandes à Paris ; on s'en prit à la compagnie et aux chemins de fer en général : peu s'en fallut que le peuple ne mit le feu à la gare Montparnasse.

Cet accident eut une très fâcheuse influence sur la cause des chemins de fer, si nous en croyons un contemporain, Léon Faucher. « Quelle effroyable calamité au point de vue de l'intérêt public ! écrivait-il. Dans un pays comme le nôtre où l'industrie des chemins de fer est récente et ne faisait que des progrès très lents, cette catastrophe devait porter l'épouvante dans les esprits. L'accident, survenant au milieu de la discussion du projet de loi sur les grandes lignes de chemins de fer, a reculé notre avenir d'un ou deux ans sous ce rapport. Le public, se livrant à l'emportement des premières impressions, s'est mis à hurler contre les compagnies... Les capitalistes, qui semblaient le plus disposés à se jeter dans ces entreprises, reculent devant la

____

(1) Voy. *Lettre à M. le Ministre des Travaux publics sur le projet de loi des chemins de fer.*

responsabilité qui peut en résulter pour eux. C'est ainsi que MM. de Rothschild renoncent à exécuter le chemin de Paris à la frontière belge, etc., etc. J'ai tenté de me mettre en travers de ce torrent.... Mais vous savez qu'on n'arrête pas une déroute. J'attendrai désormais que le calme renaisse dans les esprits » (1).

La société concessionnaire du chemin de Versailles (R.-G.) était, d'ailleurs, dans une situation peu brillante : c'était la conséquence de la faute qu'avait commise le législateur de 1836 en accordant une double concession.

Les deux compagnies rivales avaient commencé par lutter entre elles ; puis, comprenant qu'elles se ruineraient à continuer cette lutte, elles se rapprochèrent sous l'influence d'Em. Péreire, et préparèrent un traité de fusion en une société unique ; ce traité ne devait devenir définitif que si une loi le ratifiait. Le ministre accueillit favorablement la demande que la compagnie lui fit à cet effet ; mais la Chambre rejeta le projet qui lui fut soumis.

En conséquence, la compagnie de la rive gauche dût continuer sa peu fructueuse exploitation et son sort constitua, durant plusieurs années, un véritable épouvantail pour les capitalistes, qui songeaient à aborder les entreprises de chemins de fer. La ligne de la rive droite, dirigée par Péreire, donnait des résultats meilleurs.

Le gouvernement fut, de nouveau, amené à intervenir en 1845 ; il proposa alors à la Chambre d'autoriser la concession de la ligne de Versailles à Rennes, dont l'infrastructure entre Versailles et Chartres était exécutée par l'État et sur le point d'être terminée, à une société formée par

____

(1) Léon Faucher, *Biographie et Correspondance*, t. I, p. 119 (Lettre du 15 mai 1842).

la fusion des deux compagnies de Versailles, c'est-à-dire où figuraient Em. Péreire et Adolphe d'Eichtal : Em. Péreire voyait ainsi couronner de succès les efforts qu'il faisait depuis 1841 pour arriver à la fusion des deux entreprises rivales. Le projet fut voté ; mais une crise financière, qui éclata en 1847, empêcha l'application de cette convention.

La loi du 15 juillet 1840, qui autorisait la concession du chemin de fer de Paris à Rouen, prévoyait que cette ligne pourrait être ultérieurement prolongée jusqu'au Havre : en '?, M. Ch. Laffitte les principaux fondateurs de la compagnie de Paris à Rouen constituèrent une nouvelle société en vue d'exécuter le chemin de Rouen au Havre, et demandèrent la concession de cette ligne avec le concours financier de l'Etat : la loi du 11 juin 1842 la leur accorda.

L'année suivante eut lieu l'inauguration du chemin de Paris à Rouen ; elle fut tout à fait selon le goût des Saint-Simoniens, et Charles Duveyrier s'en montra enchanté. Il se félicite, en particulier, de ce que « les ouvriers constructeurs du chemin de fer ont eu une belle place » dans l'inauguration. Ce fut « bien réellement une solennité industrielle, nationale, une fête populaire et non pas seulement une fête d'état-major... Le prince... n'est pas venu... uniquement pour passer une revue de garde nationale ou de troupes de ligne, il a été reçu comme dans une grande fête de famille par tout ce que les arts, les corps savans, la magistrature, les fabriques comptaient d'illustration, et par les simples ouvriers, réunis en corps d'état sous leurs bannières. Le peuple enfin n'était pas seulement spectateur, il avait son rôle et sa place dans cette solennité, glorification du travail » (1).

____

(1) Charles Duveyrier, *Lettres politiques,* 16ᵉ lettre, t. II, pp. 81 et 82.

La ligne de Rouen au Havre fut ouverte en 1847, et la compagnie fut une des plus florissantes.

On peut en dire autant de la compagnie du chemin de fer de Paris à Saint-Germain, qui était dirigée par Em. Péreire, et comptait G. d'Eichtal parmi ses administrateurs. Cette ligne, qui n'allait alors que jusqu'au Pecq, fut prolongée jusqu'à Saint-Germain en 1844, pour procéder à l'essai d'un système de chemin de fer atmosphérique. Les travaux eurent lieu sous la direction de Clapeyron, comme ingénieur conseil, et de Flachat, comme ingénieur en chef.

Vers la même époque, Paulin Talabot s'occupait d'obtenir la concession du chemin de fer d'Avignon à Marseille ; ce fut l'objet de la loi du 24 juillet 1843, qui ne fut votée qu'après une longue discussion : d'une part, un de ses collègues accusa Léon Talabot de défendre la loi parce qu'il avait des intérêts dans l'entreprise, et d'autre part, on voulut imposer aux concessionnaires des conditions beaucoup trop onéreuses.

Ch. Duveyrier s'élevait, avec juste raison, contre cette politique néfaste qui consistait à accabler les compagnies. Dans une de ses *Lettres politiques*, adressée à M. de Tocqueville, il suppliait celui-ci, membre de l'opposition, de soutenir la cause des chemins de fer et de ne pas combattre le cabinet sur ce terrain ; il demandait aussi que la Chambre ne s'acharnât pas sur les compagnies du Nord et de Marseille à Avignon. « C'est un jeu d'esprit puéril, écrivait-il,.... de ne tenir aucun compte des chances de pertes et de borner les calculs aux probabilités favorables...... Les chances de profit ne sont que la compensation des chances contraires. Voilà ce que les assemblées sont trop portées à oublier....... Loin que la Chambre ait à regretter d'avoir accordé aux compagnies de trop grands avantages, c'est bien le contraire jusqu'à ce jour qu'elle doit plutôt déplorer » (1).

Cependant la concession fut accordée, et l'Etat prêta son concours financier à l'entreprise. Cette ligne, dont le projet était dû à Paulin Talabot et à Didion, fut exécutée sous la direction de Paulin Talabot, ingénieur en chef de la nouvelle compagnie.

Par contre, le projet présenté par le gouvernement pour la concession d'un chemin de fer de Paris à la frontière de Belgique ne put être discuté en 1843. L'idée première de cette ligne revenait à Em. Péreire, qui avait été frappé de la puissance de production des Flandres, au cours d'un voyage fait en Belgique en compagnie de M. de Rothschild et de plusieurs ingénieurs et administrateurs du chemin de fer de Saint-Germain ; de Rothschild et d'Eichtal étaient membres de la société qui s'était formée pour soumissionner la ligne du Nord.

Le projet de loi relatif à cette concession fut présenté de nouveau aux Chambres en 1844 ; mais le gouvernement, aveuglé par les résultats satisfaisants que donnaient les chemins d'Orléans et de Rouen, introduisit dans le projet de convention des stipulations si onéreuses pour la compagnie, que les banquiers, au nom desquels Em. Péreire avait traité, refusèrent la concession de cette ligne. Une loi intervint seulement pour autoriser l'adjudication de l'embranchement d'Amiens à Boulogne, et la construction par l'Etat de l'infrastructure du chemin du Nord, ainsi que l'exploitation des parties terminées. C'est aussi à l'Etat que fut confiée l'exécution de l'infrastructure entre Dijon et

____

(1) *Ibid.*, 15ᵉ lettre, t. II, pp. 70 et 75.

Châlon sur la ligne de Paris à Lyon, et les travaux, commencés aussitôt, furent poussés très activement par Borrel, un ingénieur saint-simonien.

Ch. Duveyrier se félicitait de cette solution, qui autorisait le gouvernement à construire le chemin du Nord. « Si la Chambre comprenait qu'il importe à la prospérité et à la moralité publique de fonder, au milieu des entreprises des compagnies, un chemin de fer modèle, entièrement édifié et exploité par les agens de l'Etat, la ligne du Nord est assurément celle qu'il conviendrait le mieux de choisir pour une pareille destination....... La situation nouvelle, où la compagnie du chemin de fer du Nord a placé le gouvernement, lui offre aujourd'hui l'occasion la plus propice d'entrer victorieusement dans cette voie... Qu'il ose donc solliciter des Chambres l'exécution entière et l'exploitation du chemin du Nord comme chemin modèle : et il pourra à la fois réformer les Ponts et Chaussées, rassurer et moraliser les compagnies, veiller à la défense du territoire, resserrer nos alliances, relever et fortifier le gouvernement aux yeux de l'opinion, en lui montrant que lui aussi peut concourir par des œuvres productives, aux triomphes de l'industrie, au développement de la prospérité publique » (1).

L'exécution par l'Etat était, en effet, plus conforme à la pure doctrine saint-simonienne ; mais la mesure prise par la loi du 26 juillet 1844 n'était que provisoire. Une loi du 15 juillet 1845 vint autoriser l'adjudication des chemins de fer du Nord, de Creil à Saint-Quentin et de Fampoux à Hazebrouck, ainsi que de Paris à Lyon et de Lyon à Avignon.

De nombreuses compagnies s'étaient formées pour

____

(1) *Ibid.*, 24ᵉ lettre, t. II, pp. 367 et 393.

soumissionner cette ligne du Nord, ainsi que celles de Paris à Lyon et de Lyon à Avignon ; l'une des sociétés fondées pour obtenir la concession du chemin de Paris à Lyon était l'*Union*, qui comptait parmi ses membres les plus influents Arlès-Dufour, l'industriel saint-simonien, l'ami fidèle auquel Enfantin écrivait dès 1837 : « Songez au chemin de fer de Lyon à Marseille. Je crois que vous pourrez, si vous voulez, avoir........ la direction de semblable affaire, et certainement que le directeur du plus grand des chemins de fer sera, quand il voudra (j'entends lorsque le chemin de fer se fera) un homme Politique. Et je vous demanderai peut-être une place de piqueur dans votre affaire » (1).

Cette ligne, en effet, intéressait Enfantin au plus haut degré, comme se rattachant directement à la ligne des Indes par le canal de Suez. Car, depuis qu'il était revenu d'Algérie, il s'occupait activement de la réalisation de ce projet, et le 27 novembre 1846 ses démarches devaient aboutir à la constitution de la *Société d'études pour le canal de Suez* : il y représenta la France avec son ami Arlès-Dufour, et Jules, Paulin et Léon Talabot furent adjoints comme ingénieurs.

Particulièrement intéressé par le chemin de fer de Paris à la Méditerranée, et justement préoccupé de la bonne exécution d'une ligne à laquelle il attribuait tant d'importance, Enfantin pensa que le meilleur moyen pour assurer la réalisation de cette entreprise était d'amener une entente entre les diverses sociétés qui se disputaient la concession. Il envoya alors aux présidents de toutes les compagnies constituées pour soumissionner les chemins de fer du Nord, de Lyon et d'Avignon, une note dans laquelle, après avoir

______

(1) 7.618. Lettre du 10 juin 1837.

montré l'influence qu'auraient ces nouvelles lignes, il invitait les représentants de ces sociétés à une entente (1).

Sous l'inspiration d'Arlès-Dufour, le comité Lyonnais de l'*Union* écrivit à Enfantin pour le remercier des avis qu'il avait donnés au sujet du chemin de Paris à Lyon et de Lyon à Avignon, et pour lui demander de se charger « de la haute direction morale et matérielle de cette affaire. »

Pour l'amener à accepter, les membres de ce comité ajoutaient : « La ligne qui nous occupe spécialement, celle de l'Océan à la Méditerranée, se rattache si directement à la grande pensée dont vous poursuivez la réalisation depuis quatorze ans, le canal de Suez, que nous n'hésitons pas à vous proposer cette délicate mission » (2).

Enfantin accepta. « La position à prendre dans les chemins de fer, répondit-il à Arlès-Dufour, est celle qui me conduira le plus sûrement à Suez et qui me mettra le mieux en rapport avec les hommes qui doivent y aller avec moi » (3).

Chargé d'abord de représenter le comité de Lyon auprès de la compagnie l'*Union*, Enfantin fut bientôt nommé membre du conseil d'administration de cette société, puis, toujours grâce à Arlès-Dufour, administrateur dans les compagnies des chemins de fer de Lyon à Avignon et de Marseille à Avignon.

Il s'occupe alors activement de réaliser la fusion des

____

(1) *7.843.* Circulaire à MM. les Présidents de toutes les sociétés constituées pour soumissionner les chemins de fer du Nord, de Lyon et d'Avignon; *7.844* : Note sur la possibilité de rendre solidaires les grandes puissances financières pour les trois chemins de fer (Nord, Lyon, Avignon).

(2) *7.843.* Lettre du 5 mai 1845.

(3) *7.663.* Lettre de mai 1845.

nombreuses compagnies formées pour soumissionner chacune des trois lignes de Paris à Lyon, de Lyon à Avignon, et du Nord ; et il fut chargé des traités de fusion (1). M. Audiganne reconnaît expressément que l'initiative de cette opération appartient à Enfantin : « L'idée première de ces fusions sur une grande échelle effectuées en 1845 lors de l'adjudication du chemin de Lyon, appartient, assure-t-on, à l'ancien chef de l'Ecole saint-simonienne, M. Enfantin, qui a eu dans sa vie plus d'une conception originale, mais qui n'en a guère eue dont le succès ait été aussi complet. Dès qu'il eût jeté la planche, tout le monde voulut y passer » (2).

Le chemin de fer du Nord fut adjugé au profit d'une compagnie formée par Em. et Is. Péreire, Ch. Laffitte, de Rothschild ; déjà, en 1844, l'adjudication de la ligne d'Amiens à Boulogne avait été faite au profit de Ch. Laffitte et Cⁱᵉ. Ainsi les Saint-Simoniens et leurs amis obtenaient le chemin de fer qu'ils avaient tant convoité ; il fut exécuté par Em. et Is. Péreire, avec le concours de Clapeyron et Fournel ; en novembre 1847, on confia à Ch. Didion l'achèvement de cette ligne sur la Belgique et le contrôle des travaux pour les embranchements sur Calais, Dunkerque, et de Creil à Saint-Quentin. Au bout d'une année la ligne du Nord était achevée et son inauguration fut marquée par des fêtes splendides, auxquelles assistèrent les ducs de Nemours et de Montpensier, ainsi que tous les hauts dignitaires du royaume. Em. et Is. Péreire concoururent, jusqu'en 1852, à l'administration et à l'exploitation de cette entreprise, qui fut une des plus florissantes.

Em et Is. Péreire, entraînant de Rothschild, s'étaient

---

(1) *7.616*. **Traités de fusion.**
(2) **Audiganne,** *op. cit.*, t. I, p. 183, note 1.

aussi préoccupés, en 1844, de l'exécution d'un chemin de fer entre Orléans et Bordeaux ; un projet de concession directe fut même présenté en faveur de la compagnie qu'ils avaient formée, mais, le principe de l'adjudication ayant prévalu, les concurrents d'Em. Péreire l'emportèrent sur lui en acceptant des conditions tellement onéreuses qu'on dut plus tard réviser le contrat; en particulier, ils souscrivirent à une concession de vingt huit ans. Tel était le résultat injuste auquel on arrivait avec l'adjudication : les Saint-Simoniens et, au premier rang Ch. Duveyrier (1), avaient donc raison de protester contre ce « système aveugle ».

Par contre, la Chambre voulut repousser l'adjudication dans un cas où elle aurait pu profiter aux Saint-Simoniens ; le gouvernement ayant proposé d'affermer à une compagnie le chemin de Montpellier à Nîmes, construit par l'Etat sous la direction de Ch. Didion, M. Boissy d'Anglas demanda l'exploitation de cette ligne par l'Etat : il craignait, en effet, qu'elle ne tombât entre les mains de la compagnie, beaucoup trop puissante à son avis, du chemin d'Alais à Beaucaire. Cette société, dirigée par P. Talabot, était déjà concessionnaire des lignes d'Alais à Beaucaire et d'Avignon à Marseille. Finalement, l'adjudication prévalut, mais elle n'eut pas lieu au profit de P. Talabot.

Puis on procéda à la concession du chemin de fer de Paris à Lyon et à Avignon: la compagnie formée par Ch. Laffitte obtint la ligne de Paris à Lyon, et la société, qui avait à sa tête P. Talabot, la ligne de Lyon à Avignon. Ad. Jullien, qui venait de terminer le chemin de fer de Paris à Orléans, fut chargé de diriger la construction, et plus tard l'exploitation, de la ligne de Paris à Lyon.

____

(1) Ch. Duveyrier, *Lettres politiques*, 15ᵉ lettre, t. II, pp. 65 et ss.

C'étaient les Chambres qui, par crainte de voir se créer des compagnies trop puissantes, avaient voulu scinder en deux le chemin de Paris à Avignon ; sous l'influence d'Enfantin, les sociétés concessionnaires ne tardèrent pas à se rapprocher.

En provoquant une entente entre les diverses compagnies formées pour soumissionner ces lignes, il avait voulu empêcher que, par suite de la concurrence, une société peu sérieuse ne fût déclarée adjudicataire, après avoir accepté des conditions qu'auraient repoussées les compagnies prudentes. Fidèle à la politique d'association préconisée par le *Globe*, Enfantin voulut, après l'adjudication, arriver à une fusion des trois compagnies qui se partageaient la ligne de Paris à la Méditerranée ; administrateur dans chacune de ces sociétés et secrétaire général de celle qui possédait le chemin de Paris à Lyon, il était fort bien placé pour réaliser cette fusion ; et il était aidé dans cette opération par Is. Péreire et Arlès-Dufour, également administrateurs de la compagnie de Paris à Lyon.

Dès 1845, Enfantin écrit à Arlès-Dufour : « Les fusions de Strasbourg et de Nantes se sont mal faites ; il ne faut pas que nous donnions un semblable spectacle. D'ailleurs, ce n'est pas tout de fondre, il faut fonder ; il faut que notre administration définitive porte un cachet particulier, le Nôtre. »

L'un des pivots de la combinaison eût été le « bon roi de France Rothschild » ; car ce banquier, qui auparavant s'occupait presqu'exclusivement des emprunts d'Etat, s'était, sous l'influence des Saint-Simoniens, lancé dans la carrière des chemins de fer et son nom figurait désormais dans toutes les entreprises. Ce qui faisait dire à Enfantin en

1838 : « Rothschild a attrapé au vol ce que nous disions dans le *Globe* des chemins de fer » (1).

Enfantin est convaincu que Rothschild est appelé à être « le maître de la ligne du Nord et du Midi, de la grandissime route royale de France.... Aujourd'hui c'est près de Rothschild qu'il faut voler (sans calembour) et sur les rails qu'il faut marcher, si l'on veut vraiment se mêler aux grandes affaires de ce monde » (2).

Et Enfantin, persuadé de l'importance de son rôle, ajoute : « Vous êtes bien plus les députés de Lyon, vous, messieurs du chemin de fer, et moi aussi, délégué, que ces MM. Fulchiron et Terme et même que l'illustre robinet d'eau tiède que vous avez envoyé à la Chambre pour la présider. »

La crise de 1847 et la Révolution de 1848 empêchèrent la réalisation de cette fusion, qui ne sera opérée qu'en 1852. Mais en 1847 fut autorisée la fusion de la compagnie de Creil à Saint-Quentin avec celle du Nord, qui comprenait Rothschild, d'Eichtal, Em. Péreire et Ch. Laffitte.

D'autres lignes furent également concédées avant 1847 : de Tours à Nantes, de Paris à Strasbourg, de Vierzon à Châteauroux et Limoges, de Bourges à Clermont, de Bordeaux à Cette.

La construction de ce dernier chemin fut dirigée par Ch. Didion. Un autre Saint-Simonien, Félix Tourneux, s'occupait pendant ce temps de l'exécution des lignes du Jura, et en particulier de celle de Dôle à Salins, concédées en 1846. Toutes les concessions importantes, faites depuis 1842, comportaient le concours financier du Trésor ; cette aide

____

(1) *7.663.* Lettre du 26 janvier 1838.
(2) *Œuvres*, t. XII, p. 39.

consistait soit en l'exécution par l'Etat de l'infrastructure, soit en l'allocation d'une subvention correspondant aux dépenses d'infrastructure. Mais, malgré le vœu qui en fut plusieurs fois exprimé par la commission de la Chambre des députés, le gouvernement n'appliqua que rarement le système, si souvent réclamé par les Saint-Simoniens, de la garantie d'intérêt : seules les compagnies de Strasbourg à Bâle et de Paris à Orléans en bénéficiaient.

C'était pourtant le mode d'encouragement que M. Chevalier recommandait le plus chaleureusement dans son cours d'économie politique au Collège de France ; dans les leçons qu'il fit en 1842-1843, il examina, en effet, l'intervention du gouvernement dans les travaux publics (1), les modes d'encouragement à accorder aux compagnies (2) et l'application de l'armée aux travaux publics (3). L'abus des concessions trop courtes l'amenait même à tomber dans l'excès contraire : car il aurait voulu des concessions perpétuelles (4).

Les Saint-Simoniens ne se contentaient pas de plaider, par l'exemple qu'ils donnaient, la cause des chemins de fer ; les uns, comme Em. Clapeyron, inventaient des perfectionnements scientifiques ; les autres défendaient par la plume la nouvelle industrie, ou éclairaient l'opinion par leurs livres.

Ad. Jullien, dans des recherches qui s'adressaient spécialement aux hommes du métier, examinait les questions de dépenses de construction et d'exploitation, de tarifs, de pro-

---

(1) M. Chevalier, *Cours d'économie politique*, *1842-43*, 1re-6e leçons.
(2) *Ibid.*, 7-9e leçons.
(3) *Ibid.*, 10-20e leçons.
(4) *Ibid* , 9e leçon.

duits, questions qui avaient à cette époque, où les renseignements donnés par l'expérience étaient encore assez rares, une importance capitale. Tels sont ses ouvrages : *Du prix des transports sur les chemins de fer de la Belgique en 1842 et 1843* et *Notes diverses sur les chemins de fer en Angleterre, en Belgique et en France*. En 1847, Auguste Chevalier publiait *L'exploitation des chemins de fer anglais*, livre qui, en retraçant les services organisés en Grande Bretagne, donnait à nos administrations de chemins de fer, encore très novices, des renseignements précieux..

A côté de ces ouvrages généraux, les Saint-Simoniens publièrent des écrits spéciaux, « qui se lient de fort près, quoique avec des nuances diverses, au mouvement progressif des voies ferrées » (1). Eug. Plachat, Félix Tourneux écrivirent ainsi de « remarquables études » sur divers projets de chemins de fer (2).

Outre ses tentatives de fusion, Enfantin était fort préoccupé par la création d'un cercle des chemins de fer, ainsi que d'une bibliothèque et d'un musée des dessins et modèles. Cette institution, qui ne sera réalisée qu'en 1854, aurait réuni tous les ingénieurs, administrateurs et directeurs des compagnies, et aussi des pairs, des députés, des conseillers d'État, et, en général, toutes les personnes en rapport avec les chemins de fer ; elle aurait amené « le contact utile des hommes occupés de cette grande industrie, dans l'intérêt du public qu'elle dessert, c'est-à-dire en vue de l'amélioration de l'exploitation, par la connaissance des procédés employés en France et à l'étranger et la comparaison des résultats obtenus » (3). C'était aussi un moyen de parer aux in-

---

(1) Audiganne, *op. cit.*, t. I, p. 347.
(2) Voy. Bibliographie.
(3) *7.665*. Lettre à Arlès, du 6 octobre 1846.

convénients de la concurrence financière que se faisaient les compagnies de chemins de fer : « C'est certainement le contact des membres de toutes les compagnies qui rendrait impossibles les petites cachoteries juives, les petites ruses d'épiciers » (1). Enfin, et c'est une raison capitale pour Enfantin, « c'est là que nous aurons le centre de notre affaire de Suez » (2).

Il tenait du reste à conserver l'initiative de la création de ce cercle. « C'est le pas providentiel, écrit-il à Arlès-Dufour, que nous devons faire faire au monde industriel. Je tiens, de même que c'est nous deux qui avons fait les grandes fusions, je tiens, dis-je, à ce que ce soit nous deux qui fassions fonder le cercle, et à ce qu'il porte le cachet Paris-Lyon » (3).

Cette participation éclatante des Saint-Simoniens aux entreprises de chemins de fer, les succès qu'ils remportèrent dans cette industrie devaient leur susciter des envieux ; et plusieurs détracteurs crurent pouvoir opposer leurs actes à leurs anciennes doctrines.

Dès 1842, on les accuse « de préférer les intérêts matériels aux intérêts moraux » (4) ; puis on leur reproche leur alliance avec les Juifs.

Toussenel, dans *Les Juifs rois de l'Epoque*, prétend que le gouvernement a renoncé à construire lui-même les chemins de fer pour pouvoir les concéder aux Juifs ; il reproche à M. Chevalier d'avoir publié contre le projet, présenté par le ministre des travaux publics pour l'exécu-

---

(1) 7.617. Lettre de novembre 1846.
(2) *Ibid*. Lettre du 16 octobre 1846.
(3) 7.666. Lettre du 5 octobre 1846.
(4) G. Biard, *Biographie véridique de M. Michel Chevalier*.

tion des chemins de fer par l'Etat, un article dont le projet ne se releva pas ; et cela, alors que M. Chevalier avait autrefois invoqué de si victorieux arguments en faveur du système de l'exécution par l'Etat.

G. Dairnvaell, dans *Rothschild Ier, ses valets et son peuple*, dénonce « la coalition formée par tous les financiers.... depuis le roi Rothschild jusqu'aux derniers des Saints-Simoniens » (1) ; il dirige surtout ses attaques contre Isaac Péreire, le « lieutenant de Rothschild » ; et il reproche au « roi des Juifs » de détenir « outre son chemin du Nord » ceux de Saint-Quentin, d'Avignon, de Marseille, d'Alais à Nîmes, de Versailles (R.-D.), de Saint-Germain, d'Orléans à Vierzon.

Michaud et Villenave enfin, dans leurs biographies, rapprochent Saint-Simon et de Rothschild, la secte saint-simonienne et la secte judaïque.

« Après avoir été dispersés comme les Israélites, les Saint-Simoniens ont montré, il est vrai, moins d'attachement à leurs doctrines et la plupart d'entre eux sont rentrés dans la secte judaïque d'où ils étaient sortis. Accueillis, protégés par ceux que l'on en considère aujourd'hui comme les souverains ou les grands prêtres (les Rothschild), ils se sont mis en fusion dans les chemins de fer, et ils y tiennent de fort belles places, disant que cette phase vaut bien celle qu'avait annoncée leur maître » (2).

« Après avoir erré plusieurs années en Egypte, en Turquie, en Algérie et dans d'autres contrées, plutôt en charlatans, en aventuriers qu'en apôtres, n'ayant trouvé dans

____

(1) G. Dairnvaell, *Rothschild Ier, ses valets et son peuple*, p. 24.
(2) Michaud et Villenave, *Histoire du Saint-Simonisme et de la famille de Rothschild*. Avertissement.

toutes ces contrées aucun moyen de semer leurs doctrines ou de faire de nouvelles dupes, ils sont revenus en France, où cela est toujours plus facile. Renonçant alors à prêcher la communauté des biens et le mépris des richesses, ils sont rentrés dans les voies de la politique ou de la spéculation ; enfin on les voit aujourd'hui, honteux du rôle qu'ils ont joué, mais toujours protégés par le même parti, occuper de grands emplois dans les chemins de fer et dans les rangs les plus élevés de la société et du gouvernement. Voici la réponse qu'a faite récemment l'un d'eux à M. Reybaud, qui, s'étonnant de le voir, ainsi que plusieurs de ses confrères, dans la carrière des spéculations et de l'agiotage, lui demanda comment il avait pu renoncer aux phases de gloire et de splendeur si solennellement annoncées par le maître : « Ne trouvez-vous pas, dit le disciple, que cette nouvelle phase en vaille bien une autre ?... » Ainsi s'explique tout le but et, comme disent ces messieurs, les tendances du Saint-Simonisme » (1).

C'est à Enfantin que l'on prêtait la réponse citée plus haut. Et celui-ci s'émouvait de ces attaques : « Voici venir la diffamation, écrivait-il à Duveyrier. Parce que mes amis d'affaires sont haut placés par leurs relations de famille, par leur fortune, par les entreprises colossales qu'ils ont créées et menées à bien au moyen d'un travail prodigieux de trente années, parce que ces amis exercent naturellement et très légitimement une grande influence dans notre société, voici les injures qui pleuvent ? Vous savez à quoi vous en tenir sur ces saletés que l'amour du scandale et une basse envie font faire aujourd'hui... Je trouve assez dégoû-

____

(1) *Ibid.*, p. 22.

tant de s'entendre remercier ainsi du bien qu'on a fait ou seulement voulu faire » (1).

Ces écrits n'étaient, en effet, suscités que par l'envie ; car les Saint-Simoniens ne s'écartaient pas de leur doctrine en s'occupant de chemins de fer ; et si nous avons signalé l'existence de ces attaques, c'est pour montrer la place prépondérante que les Saint-Simoniens occupaient désormais dans le mouvement industriel : la calomnie, en effet, suit de près la célébrité.

---

(1) 7.844. Lettre du 4 septembre 1847.

CHAPITRE VIII

La crise de 1847 et la Révolution de 1848.

La récolte de l'année 1846 ayant été en partie détruite par la sécheresse, il en résulta une crise des subsistances assez grave pour faire craindre un moment la disette. Peut-être ne fut-elle évitée que grâce aux chemins de fer ? Cette crise des subsistances amena à sa suite une crise financière et monétaire, et le trouble jeté sur le marché se fit surtout sentir dans les affaires de chemins de fer.

Il y avait là, en effet, un terrain tout préparé : plusieurs compagnies étaient minées par la spéculation ; d'autres étaient écrasées par les conditions trop onéreuses que leur avait imposées le gouvernement ; toutes enfin voyaient s'augmenter les dépenses d'exécution par suite de la hausse des prix des matériaux et de la main d'œuvre, hausse due au rapide développement des chemins de fer.

A la crainte que cette industrie avait, au début, inspirée aux capitalistes, avait succédé une confiance exagérée. La discussion de la loi de 1842 avait fait naître de grandes espérances ; sans doute, l'accident du 8 mai 1842 leur avait porté un coup terrible, mais la confiance n'avait pas tardé à renaître et une véritable folie s'était emparée des esprits à la suite de l'inauguration des chemins de Paris à Rouen et de Paris à Orléans.

L'impression produite avait été considérable, et Henri Heine pouvait écrire à cette époque : « L'ouverture de ces lignes cause ici une commotion que chacun partage, à moins de se trouver par hasard placé sur un escabeau d'isolement social... Nous sentons que notre existence est entraînée ou plutôt lancée dans de nouveaux orbites, que nous allons au devant d'une nouvelle vie.... Une nouvelle ère commence dans l'histoire universelle » (1).

Ce mouvement en faveur des chemins de fer était justifié jusqu'à un certain point, mais il fut excessif : à trop de défiance succéda trop d'illusion, et l'on se montra trop téméraire. Ce fut un débordement de compagnies nouvelles qui se disputaient non seulement les concessions, mais aussi, pour orner leurs conseils, les ducs et les princes, les notabilités politiques et administratives, et même les généraux et les amiraux.

En même temps le public se disputait les actions, ou plutôt les promesses d'actions des sociétés qui se fondaient. Dans la lettre déjà citée, H. Heine nous montre les sollicitations auxquelles étaient en butte les fondateurs de compagnies : « La maison Rothschild, qui a soumissionné la concession du chemin de fer du Nord et qui l'obtiendra selon toute probabilité, ne constitue pas une véritable société, et chaque participation à son entreprise, que cette maison accorde à un individu quelconque, est une faveur,

______

(1) H. Heine, *Lutèce* ; lettre du 5 mai 1843, p. 326.

ou plutôt, pour m'exprimer en termes tout à fait précis, c'est un cadeau d'argent dont M. de Rothschild gratifie ses amis. Les actions éventuelles ou, comme elles sont nommées, les promesses de la maison Rothschild se cotent déjà à plusieurs cents francs au-dessus du pair, en sorte que celui qui demande au baron James de Rothschild de pareilles actions au pair mendie, dans la véritable acception du mot. Mais tout le monde mendie à présent chez lui, il y pleut des lettres où l'on demande la charité, et, comme les mieux huppés se mettent en avant avec leur digne exemple, ce n'est plus une honte de mendier. M. de Rothschild est donc le héros du jour » (1).

Et ce n'étaient pas là des exagérations de poète ; M. Duvergier de Hauranne qui était fort bien placé pour connaître ce qui touchait aux chemins de fer, écrivait : « Si M. de Rothschild a gardé toutes les lettres qui lui furent adressées lors de l'adjudication du chemin de fer du Nord, non seulement par des députés et des fonctionnaires publics, mais par des femmes haut placées dans le monde, il doit avoir un recueil d'autographes tout-à-fait précieux. Jamais ministre du roi ne fut sollicité, courtisé à ce point. On eût dit les beaux jours de la rue Quincampoix revenus » (2).

On se livrait, en effet, à une spéculation effrénée sur les actions de chemins de fer dès, ou avant même, leur émission. Au lieu de diriger l'esprit d'association et d'éclairer les capitaux qui, encore inexpérimentés, étaient prêts à prendre l'alarme au moindre bruit comme à montrer une confiance exagérée, le gouvernement n'opposa, pour ainsi dire, aucune digue à l'agiotage ; il crut avoir fait son pos-

---

(1) *Ibid.*, p. 330.
(2) Duvergier de Hauranne, *Notes inédites* (Cité par Thureau-Dangin).

sible quand il eut interdit la négociation des promesses d'actions et prescrit la responsabilité des souscripteurs jusqu'à concurrence de la moitié du montant des actions.

Ce mouvement avait commencé en 1843 ; en 1845, ce fut le débordement général : à la Bourse, dans les Chambres, dans les salons l'objet de toutes les conversations, la préoccupation universelle, c'étaient les chemins de fer.

Les Saint-Simoniens se mêlaient à ce mouvement, et spéculaient comme les autres ; Enfantin était assailli par les lettres d'anciens disciples, qui lui demandaient de les recommander, afin qu'ils pussent obtenir des actions de telle ou telle entreprise. L'un d'eux, Ribes, lui écrivait : « J'ose à peine avouer, Père Enfantin, mes dispositions à ce genre de jeu. Mais le milieu dans lequel je suis, l'occasion, l'herbe tendre, le diable enfin réagissent sur moi. On a l'air d'être un nigaud quand on ne prend l'argent que dans un sac ou d'une main, ou que pour en recueillir on ne produit que des idées » (1).

Enfantin était aussi amené à spéculer ; cependant il critiquait cette folie du jeu et de l'agiotage ; c'était une des raisons pour lesquelles il aurait voulu voir confier à l'Etat l'exécution des chemins de fer : « C'est surtout pour mettre l'ordre dans l'industrie que je voudrais voir le gouvernement présider, avec volonté et intelligence, à sa marche aujourd'hui si aveugle, si remplie d'encombrements ou de disettes, si féconde en agiotage qui ne repose que sur ces alternatives de plein et de vide » (2).

Il blâmait également l'importance donnée à la finance dans les affaires de chemins de fer : en Angleterre et en

---

(1) *7.613.* Lettre du 8 mai 1844.
(2) *7.671.* Lettre du 7 juillet 1837.

Belgique, dans ces affaires, « ce sont, écrivait-il à P. Talabot, les ingénieurs, et non les banquiers, qui *jouent le grand rôle*, tandis qu'en France ils sont, dans ces affaires, les *serviteurs des capitalistes* : de sorte que tous les Anglais sont surpris de voir Rothschild à la tête des chemins de fer autant que nous serions surpris en France de vous voir, vous, à la tête d'un emprunt.... Pour redonner ou plutôt donner aux ingénieurs français cette position supérieure et très légitime que je rêve pour eux, que faut-il cependant ? Pas grand chose, allez ; il faut un ingénieur *résolu* (1) et voilà pourquoi je vous en parle » (2).

Et dans une autre lettre, il se félicite de ce que l'*Union* formée pour soumissionner le chemin de Paris à Lyon, ne soit pas une féodalité financière, mais soit surtout composée de négociants et d'industriels, bien plus que de banquiers.

D'autre part, des compagnies surgissaient de tous côtés : il se formait même des sociétés qui ne visaient qu'à prélever une dîme sur les adjudications projetées. Par suite de la concurrence, les concessionnaires offraient d'entreprendre les lignes en assumant des charges énormes. Le gouvernement, de son côté, sans même se demander si ces sociétés seraient en mesure de faire face à ces charges, ne cherchait qu'à peser sur elles de toutes les façons, soit en leur imposant des embranchements onéreux, soit en ne leur accordant qu'une durée trop courte. C'est dans ce but qu'on fit porter le rabais des adjudications sur la durée des concessions : les compagnies offrirent alors les rabais à l'aveugle, sans étude sérieuse ; on vit des concessions d'une durée de

____

(1) Nous modifions intentionnellement l'expression énergique, mais trop crue, employée par Enfantin.
(2) 7.*613*. Lettre à P. Talabot, du 18 juillet 1844.

douze ans (chemin de Montpellier à Nîmes) ou de vingt-sept ans (ligne d'Orléans à Bordeaux). Les Chambres acceptaient tout cela, croyant qu'il était de l'intérêt de l'Etat d'obtenir des compagnies le plus possible ; elles ne comprenaient pas que c'était courir à une catastrophe.

Les Saint-Simoniens n'avaient cependant pas ménagé les avertissements : à plusieurs reprises, ils avaient dénoncé les méfaits de la concurrence, les abus et les dangers du système de l'adjudication. Il n'est pas téméraire de croire que si le gouvernement n'avait pas imposé aux sociétés concessionnaires des conditions si draconiennes et s'il avait su mettre un frein à la spéculation, les compagnies plus solides auraient mieux supporté la crise.

Enfin, en raison du nombre considérable d'entreprises de chemins de fer, les prix des matériaux et de la main d'œuvre avaient considérablement augmenté ; par suite, les dépenses réelles étaient bien supérieures aux estimations primitives et les compagnies durent faire appel aux souscripteurs. Mais la crise de 1847 avait eu sa répercussion en Angleterre ; les capitalistes et les banquiers anglais, qui possédaient des actions émises par les compagnies de chemins de fer de la région du Nord et non encore libérées, refusèrent les versements complémentaires qui leur étaient demandés au cours de la crise, et jetèrent tous leurs titres sur le marché français. D'où une baisse considérable du cours des actions, baisse qui s'étendit aussi bien aux actions surfaites par l'agiotage qu'à celles qui représentaient une valeur sérieuse. Les souscripteurs français se refusèrent eux aussi à compléter leurs versements. Certaines compagnies, surtout celles qui avaient consenti des rabais excessifs, interrompirent leurs travaux et menaçaient de sombrer ; les autres étaient aussi sur le point de suspendre l'exécution des lignes entreprises.

Le gouvernement prit alors une série de mesures pour porter secours aux compagnies en détresse.

Une loi du 6 juin 1847 vint autoriser la restitution, à certaines conditions, du cautionnement que les concessionnaires de chemins de fer devaient déposer.

Puis la loi du 9 août 1847 vint accorder une prolongation de jouissance à la compagnie du chemin de Paris à Lyon, qui voyait croître le chiffre de ses dépenses au-delà des estimations primitives et ne pouvait obtenir, par suite de la crise, le recouvrement de ses souscriptions. Le gouvernement proposa également de venir au secours des concessionnaires du chemin de Lyon à Avignon ; les études de cette ligne étaient terminées, mais les travaux n'étaient pas encore commencés. Le projet de loi ayant été repoussé par la chambre des pairs la déchéance de la compagnie dut être prononcée par un arrêté ministériel du 28 décembre 1847.

Enfantin ne put s'empêcher de protester contre cette mesure : « La destruction de cet anneau entre Paris-Lyon et Avignon-Marseille, écrivait-il, n'est pas seulement un accident très facheux pour ces deux lignes, c'est aussi par contre coup et directement une chose funeste pour tous les chemins de fer. Le motif le plus plausible, le plus raisonnable mis en avant pour appuyer la liquidation, c'est que cela délivrerait le marché d'une partie des engagements qui le chargent. Ce motif est parfait quand il porte à supprimer une affaire qui n'est pas urgente comme l'Ouest, Caen ou Bordeaux à Cette, ou Mulhouse ou Gray; mais quand il s'agit d'une ligne indispensable, de la première ligne de France et du monde, de Paris à Marseille, les inconvénients de la suppression sont bien plus grands que les avantages ». Il estime, en effet, que le régulateur des cours de chemins de fer, qui était auparavant le Nord, va être Paris à Marseille : « toute mauvaise chance pour les trois tronçons de cette grande ligne est bien plus une calamité publique que ne le serait une espérance déçue par les produits du Nord. Celui-ci au moins est un chemin fait, tandis que personne ne peut dire quand sera fait le chemin de Paris à Marseille, surtout si Lyon-Avignon liquide » (1).

Il avait du reste trop de foi dans l'avenir de cette ligne pour que son désespoir fût de longue durée ; et quelque temps après, il écrivait « Je ne désespère pas que de fil en aiguille l'on n'arrive à la fusion de Paris-Lyon et Marseille-Avignon englobant Lyon-Avignon. C'est cela qui devrait être réalisé, si nous sommes habiles, lorsque Suez sera prêt » (2).

Pendant la session de 1847, le gouvernement présenta, en outre, un projet de loi relatif au réseau de l'Ouest. Les embarras financiers avaient empêché la réalisation de la concession autorisée par la loi du 21 juin 1846; la plate-forme de la ligne de Versailles à Chartres, exécutée par l'Etat, était presque terminée ; à la suite des efforts faits par Em. Péreire, les deux compagnies de Paris à Versailles offrirent de faire l'avance nécessaire pour l'achever. Le gouvernement accepta cette offre, mais il fallait qu'avant tout les deux compagnies justifiassent de leur fusion.

Par suite de l'état avancé de la session, la Chambre renvoya la solution de cette question à l'année suivante ; la

---

(1) 7.647. Lettre du 7 septembre 1847.
(2) *Ibid.* Lettre du 27 novembre 1847.

mauvaise volonté de la compagnie de la rive gauche et les événements politiques empêchèrent la réalisation de cette combinaison.

L'année 1847 avait donc marqué un mouvement de recul et non de progrès pour l'industrie des chemins de fer; le Parlement n'avait eu à s'occuper que de projets de loi destinés à porter remède aux maux causés par la crise; non seulement aucune concession nouvelle n'avait été faite, mais encore plusieurs concessions anciennes avaient été annulées. Le mouvement en avant semblait devoir bientôt reprendre : la récolte de 1847 avait été excellente et l'année 1848 s'annonçait comme une nouvelle ère de prospérité. Aussi, en ouvrant la session, le roi Louis-Philippe déclarait-il aux députés . « Je compte sur votre concours pour mener à bonne fin les grands travaux publics qui, en étendant à tout le royaume la rapidité et la facilité des communications, doivent ouvrir de nouvelles sources de prospérité ».

Enfantin ne partageait pas cette opinion, et, le 31 janvier 1848, il écrivait à un ami : « Je ne suis pas du tout disposé à croire la crise finie... L'air est trop chargé d'orages politiques, la terre trop couverte de travaux commencés qui révolutionnent l'industrie et le commerce, pour que, jusqu'à une liquidation politique et financière, la prudence ne soit pas la règle de conduite, et la misère le lot croissant des pauvres. Que sera la liquidation financière ? Je n'en sais rien, mais il y aura liquidation ». Pour ce qui est de la liquidation politique, « on liquidera au profit de la classe la plus nombreuse et la plus pauvre, au profit des travailleurs. Alors les hommes politiques ne seront ni des marquis, ni des avocats, mais bien les chefs des travailleurs. Alors les affaires, les bonnes affaires, celles qui donneront à leurs chefs une belle et forte position, ne seront pas celles qui auront été conçues en vue de la prime pour les banquiers et de dividende pour les actionnaires, mais en vue de la bonne composition donnée au travail et du bien-être croissant donné aux travailleurs. Jusque là, il est vrai que nous en sommes je crois assez près, je ne puis croire à un relèvement sensible des affaires, tandis qu'il est très permis de prévoir des abaissements de la température politique et financière... J'ai foi que la liquidation sera pacifique, sans guillotine, sans étrangers, sans glorieuses journées ». (1)

Cette liquidation politique, ce fut la Révolution de février 1848 ; elle entraîna la liquidation financière, qui dura plusieurs années, suspendant pour un temps l'essor des chemins de fer.

____

(1) *Ibid*. Lettre à Brosset.

CHAPITRE IX

Le rôle des Saint-Simoniens sous l'Empire.
Les fusions et la constitution des grandes compagnies.

Le projet de rachat de 1848. — Le *Crédit.* — Période de stagnation. (1848-1851). — *L'Achèvement du réseau des chemins de fer.* — Ligne de Paris à Avignon. — L'Empire; nouvelle politique. — Napoléon III et les Saint-Simoniens. — Le canal de Suez. — Les fusions.— Constitution des compagnies de Lyon à la Méditerranée ; — de Paris à Orléans. — Le *Crédit Mobilier.* — Constitution des compagnies : du Midi; — du Nord; — de l'Est; — de l'Ouest; — de Paris à Lyon et à la Méditerranée. — La crise de 1859 ; projet de réforme d'Enfantin. — Les conventions de 1859. — Nouvelles attaques contre les Saint-Simoniens. — Mort d'Enfantin.

———

Au 1ᵉʳ janvier 1848, la France possédait un réseau de chemins de fer exploités de 1.830 kilomètres ; en outre, 2.872 kilomètres étaient concédés et en cours d'exécution. Ce réseau représentait une dépense de 980 millions, sur lesquels 281 millions avaient été payés par l'État. Depuis 1842, le gouvernement avait pourvu aux dépenses faites par le Trésor au moyen des ressources de la dette flottante; celle-ci se trouvait ainsi considérablement grossie et menaçait d'atteindre le chiffre de 700 millions à la fin de l'année 1847.

C'était beaucoup trop pour l'époque : aussi le premier soin du gouvernement provisoire fut de consolider une partie de cette dette en la transformant en dette perpétuelle ; et, à cet effet, il emprunta.

Les mesures prises en 1847 avaient été insuffisantes pour relever l'industrie des chemins de fer ; beaucoup d'entreprises étaient encore dans une situation critique; seules les compagnies des chemins d'Orléans à Bordeaux, du Centre, de Tours à Nantes, de Paris à Strasbourg, de Strasbourg à Bâle, d'Amiens à Boulogne, de Montereau à Troyes, de Paris à Saint-Germain, et de Paris à Versailles (R. D.) n'éprouvaient pas d'embarras sérieux. On pouvait espérer aussi que les compagnies du Nord, de Paris à Rouen, de Rouen au Havre, de Paris à Orléans, et d'Avignon à Marseille, qui se trouvaient aux prises avec des difficultés réelles, parviendraient à en triompher.

Par contre, les sociétés concessionnaires des lignes de Paris à Lyon et de Paris à Versailles (R.-G.) ne pouvaient mener à bien leurs entreprises sans l'aide du gouvernement.

Enfin il fallait statuer définitivement sur le sort des chemins de fer qui se trouvaient aux mains de l'Etat : étaient dans ce cas ceux de Marseille à Avignon, de Fampoux à Hazebrouck et de Bordeaux à Cette, pour lesquels la déchéance des concessionnaires avait été prononcée, ainsi que la ligne de Versailles à Chartres.

Enfantin pensa que le moment était venu de donner au gouvernement la direction du mouvement industriel et d'organiser l'exploitation des chemins de fer par l'Etat.

Le 20 mars 1848, il envoie au ministre des travaux publics un projet de décret, aux termes duquel « les chemins de fer concédés à des compagnies industrielles rentrent dans les mains de l'Etat », et il indique les conditions suivant lesquelles s'effectuerait le rachat : les actionnaires recevraient une indemnité constituée par des titres de rente.

Suivant l'idée d'Enfantin, le ministre des finances présente, le 17 mai 1848, un projet de rachat, qui s'appliquait à la plupart des compagnies; pour la liquidation de l'indemnité, on établirait le prix des lignes d'après le cours moyen des actions et on donnerait aux actionnaires des coupons de rente 5 % en échange de leurs titres (1). Une commission, dont faisaient partie Enfantin, Em. et Is. Péreire, fut chargée de préparer les bases du système d'organisation et d'exploitation des chemins de fer par l'Etat. Mais la discussion fut interrompue par les événements de juin 1848, et le projet fut, par la suite, abandonné par le gouvernement.

Les anciens apôtres saint-simoniens n'approuvaient, du reste, pas tous cette proposition de rachat : Michel Chevalier, effrayé des résultats donnés par les ateliers sociaux, soutenait maintenant, dans ses *Lettres sur l'organisation du travail*, que l'Etat ne peut racheter ni exploiter les chemins de fer (2) ; et le conseil d'administration de la compagnie du chemin de Marseille à Avignon, qui avait à sa tête P. Talabot, crut devoir également protester contre le rachat des voies ferrées par l'Etat. Em. et Is. Péreire firent de même, l'un au nom de la compagnie du Nord, l'autre au nom de la compagnie de Saint-Germain.

Malgré l'échec de ce projet, Enfantin n'en garde pas moins « la conviction que, quoi qu'il arrive, la ligne de Paris à Marseille sera reprise par l'Etat ». (3)

Au début, les événements semblèrent lui donner raison. Une loi du 17 août 1848 décida la reprise par l'Etat du chemin de fer de Paris à Lyon, la compagnie, à bout de ressources, ayant été obligée de liquider l'entreprise et de li-

---

(1) *Œuvres*, t. XII.
(2) M. Chevalier, *Lettres sur l'organisation du travail*, lettre X.
(3) *Œuvres*, t. XII, p. 83.

cencier ses ateliers. Une loi du 29 novembre assura l'exploitation de cette ligne par l'Etat et ouvrit les crédits nécessaires à l'exécution des travaux sur les chemins de Lyon à Avignon, mis sous séquestre, et d'Avignon à Marseille.

Le *Crédit*, journal fondé par Duveyrier en novembre 1848, s'élevait à ce sujet contre la peur que l'Etat avait d'intervenir dans les travaux publics (1); il réclamait l'emploi de l'armée à l'exécution des chemins de fer (2). Enfantin faisait la même demande : le budget était en déficit et l'armée constituait une lourde charge financière ; il fallait donc employer utilement l'armée : qu'on la fasse travailler à l'exécution de la ligne de Châlon à Lyon et de Lyon à Avignon ; « il faut qu'elle fasse avant tout la route de Paris à Alger, mais aussi celle de Bordeaux à Toulouse, qu'elle termine celle de Strasbourg et qu'elle prolonge celle de Chartres vers l'Ouest ; ne doit-elle pas veiller sur l'Italie, l'Espagne, l'Allemagne et la Vendée ». (3)

Cependant les Chambres votaient la mise sous séquestre de nouvelles lignes, le rachat du chemin de Paris à Versailles (R.-G.) et l'exploitation par l'Etat de la ligne de Versailles à Chartres, ainsi que des parties terminées du chemin de Paris à Lyon.

Les compagnies étaient lentes à se relever du coup que leur avait porté la crise de 1847 et la Révolution de 1848 ; les travaux ne reprenaient que trop lentement au gré d'Enfantin, qui, depuis le 1er janvier 1849, collaborait au *Crédit* (4).

En juillet 1849, parut un écrit, sans nom d'auteur, mais

---

(1) *Le Crédit*, 28 décembre 1848.
(2) *Ibid.*, 3 novembre et 21 décembre 1848.
(3) 7.852. *Politique intérieure. Le soldat et l'ouvrier*; note de 1848.
(4) *Le Crédit*, 8 juillet 1849.

qui était de P. Talabot, sur le moyen d'arriver à l'*Achèvement du réseau des chemins de fer*. Après avoir exposé comment l'incohérente conduite des pouvoirs publics avait excité la spéculation et découragé l'esprit d'association (1), l'auteur de cette brochure montrait que les deux obstacles à l'achèvement du réseau étaient la défiance des capitalistes et l'hostilité de l'opposition. Pour vaincre ces obstacles, il fallait désormais laisser aux compagnies le choix et l'étude des lignes, ainsi que l'évaluation des recettes et des dépenses, employer la concession directe et donner aux concessions une durée uniforme de 99 ans ; enfin il fallait modifier l'organisation financière des compagnies : désormais leur capital devrait être divisé en deux parties, l'une versée par les actionnaires, et l'autre réalisée au moyen d'un emprunt garanti par l'Etat. « Les produits nets de l'entreprise seraient employés en premier lieu à desservir l'intérêt et l'amortissement du capital versé par les actionnaires. L'excédent serait appliqué au service des intérêts et de l'amortissement de l'emprunt garanti par l'Etat, sauf un prélèvement acquis aux actionnaires à titre de dividende ». (3) Les avantages de ce système qui, préconisé ausi par Is. Péreire, n'allait pas tarder à être appliqué, sont d'exclure les compagnies sans consistance et de favoriser la formation des compagnies sérieuses, de permettre de proportionner le concours de l'Etat aux besoins de chaque ligne, enfin d'assurer aux capitalistes un placement sûr. Et cette division du capital en capital-actions et capital-obligations, en favorisant le crédit des compagnies, permit, en effet, l'achèvement du réseau.

----

(1) *Achèvement du réseau des chemins de fer*, pp. 12 et ss.
(3) *Ibid.*, pp. 16 et ss.

Le 19 novembre 1849, une loi accordait la garantie d'intérêt à la compagnie du chemin d'Avignon à Marseille.

Puis le gouvernement, saisi par Is. Péreire d'une demande en concession de la ligne de Paris à Avignon, accueillit favorablement cette proposition et lui en assura la concession directe par un traité : la compagnie fondée reposait sur l'idée de l'emploi simultané des actions et des obligations. Mais le projet de loi présenté par le ministre échoua devant la Chambre : au cours de la discussion, on cria au danger du monopole, parce qu'on concédait cette importante ligne à une compagnie unique ; le danger était, disait-on, d'autant plus redoutable que cette compagnie s'appuyait sur le concours de M. de Rothschild, qui avait déjà la ligne du Nord ; c'était constituer une puissance qui ne tarderait pas à absorber aussi le réseau de l'Est, celui de l'Ouest, le tronçon d'Avignon à Marseille. C'est aussi ce que craignait la compagnie concessionnaire de cette ligne d'Avignon à Marseille ; et elle protesta contre l'énorme disproportion qui existerait entre l'importance de ces deux concessions ; il faut ajouter qu'elle aurait désiré posséder la ligne de Lyon à Marseille.

Enfantin lui-même s'élevait, on ne sait pourquoi, contre le projet: à son avis, il eut été « difficile d'accumuler plus de conditions d'insuccès » ; et, après en avoir examiné les principales imperfections, il concluait que ce projet était « inique, absurde et impossible », parce qu'il aboutissait à un « monopole gigantesque » (1) !

Pour relever l'industrie des chemins de fer, le ministre des travaux publics, M. Bineau, — qui avait autrefois fré-

____

(1) Le *Crédit*, 12, 13, 14, 15, 19 août 1849 ; 15 février, 5 avril, 2 août 1850.

quenté la rue Monsigny —, projeta alors de proroger les concessions trop courtes ; en échange, on exigerait des compagnies une participation plus large aux travaux. Ce plan établissait bien l'intention de laisser les voies ferrées aux mains de l'industrie privée ; cependant il semblait à Enfantin parfaitement approprié aux circonstances (1).

Le projet, élaboré dans ce sens par le ministre, fut voté et devint la loi du 6 août 1850, qui prorogea la durée des concessions des chemins de Tours à Nantes et d'Orléans à Bordeaux. Puis la loi du 12 mai 1851 concéda la ligne de Paris à Rennes avec garantie d'intérêt : c'était manifester la volonté bien nette de ne pas donner à l'Etat l'exploitation des chemins de fer.

Le gouvernement, répondant aux désirs de la Chambre, décida ensuite de concéder à deux compagnies les lignes de Paris à Lyon et de Lyon à Avignon : plusieurs demandes de concession avaient été faites pour la première ; Jules Séguin était parmi ceux qui formulaient des offres pour l'exécution des travaux. Mais ce chemin de Paris à Lyon ne fut pas encore concédé, et l'Etat continua provisoirement les travaux et l'exploitation. Au contraire, la loi du 1er décembre 1851 autorisa l'adjudication de la ligne de Lyon à Avignon ; MM. Séguin en avaient également demandé la concession, mais ce fut une compagnie, dont faisait partie P. Talabot, qui fut déclarée adjudicataire. C'était, du reste, P. Talabot qui avait été chargé de l'évaluation des travaux de premier établissement.

Pendant ce temps, Em. et Is. Péreire complétaient le réseau des chemins de fer dans la banlieue de Paris, en construisant, sur la rive droite de la Seine, les embran-

____

(1) *Ibid.*, 10 novembre 1849.

chements d'Auteuil et d'Argenteuil : ce fut l'origine du chemin de Ceinture.

La période de 1848 à 1851 avait été peu brillante pour les chemins de fer. A la fin de 1851, les embarras financiers créés à cette industrie se trouvaient liquidés. Désormais on pouvait regagner le temps perdu et assurer le prompt achèvement du réseau ; deux raisons y poussaient : d'abord une nécessité économique ; ensuite, une raison politique : le gouvernement voulait fournir à l'activité des esprits un nouvel aliment après les événements politiques.

Il fallait avant tout réveiller la confiance dans l'avenir des chemins de fer : comme l'avait indiqué l'auteur de l'*Achèvement du réseau*, on s'était montré avant 1848 trop jaloux vis-à-vis des compagnies, on leur avait imposé des charges trop lourdes, on les avait circonscrites sur un terrain trop étroit et trop incertain.

On devait donc remanier complètement les contrats : on partit de l'idée qu'il faut des compagnies assez fortes pour soutenir leur fardeau jusqu'au bout, et qu'il faut encourager les capitaux. Afin de donner aux sociétés concessionnaires le temps nécessaire pour reconstituer leur capital et rémunérer les actionnaires, on porta la durée des concessions à 99 ans ; pour inspirer confiance aux capitaux, on leur assura un certain revenu en accordant la garantie d'intérêt sur une large échelle. Enfin le gouvernement favorisa les fusions ; outre la réduction des frais généraux et les avantages que procure une grande unité, les compagnies trouvèrent dans ce système une grande puissance ; leur crédit fut meilleur qu'auparavant et elles purent faire des emprunts. Enfin on employa la concession directe.

C'était le triomphe de toutes les idées défendues par les Saint-Simoniens, de tous les systèmes imaginés par eux ; longues concessions, garantie d'intérêt, fusions, emprunt par obligations, concession directe, tout cela était leur œuvre.

Après le Deux-Décembre, le nouveau gouvernement reprit l'exécution du réseau avec une activité fébrile : les deux plus grandes préoccupations du souverain et de ses ministres étaient les chemins de fer et les établissements de crédit. Comme président de la République, puis comme prince-président, Napoléon avait tenu à assister à toutes les inaugurations de lignes nouvelles : « l'inauguration d'un chemin de fer, disait-il, est toujours une fête nationale à laquelle je suis heureux de m'associer ». (1) Comme empereur, il resta fidèle à ces idées, et ces inaugurations furent toujours des cérémonies solennelles, de ces fêtes industrielles que le *Globe* avait réclamées.

Aussi les Saint-Simoniens virent-ils en Napoléon III le souverain désiré, celui qui devait assurer la réalisation de leurs vœux les plus chers ; et, dans un écrit antérieur de quelques jours à sa mort, Enfantin parlera de sa reconnaissance pour l'empereur (2). Quant à Michel Chevalier, l'avènement de Napoléon III le fit changer une troisième fois d'opinon : il se déclara de nouveau partisan de l'exécution des chemins de fer par l'Etat.

Plusieurs Saint-Simoniens vécurent, d'ailleurs, dans l'entourage du souverain, qui avait pour eux une particulière sympathie. Un disciple de la dernière heure, Maxime Du Camp, nous raconte à ce sujet une anecdote très significa-

----

(1) *Œuvres de Napoléon III*, t. II, p. 106.
(2) *L'automne. Œuvres*, t. XII.

tive : « A un dîner au palais des Tuileries, la conversation tomba sur le Saint-Simonisme et l'on réédita cette vieille calomnie de la pluralité des femmes..... L'empereur dit en souriant : « Prenez garde, il y a peut-être des Saint-Simoniens parmi nous. » Il y eut un geste de surprise, surtout lorsqu'on vit le prince de... se lever et dire : « Je suis fils de Taïabot, fils de Lambert, fils d'Enfantin, fils d'Olinde Rodrigues, fils de Saint-Simon. » Napoléon III regarda trois de ses ministres et un sénateur assis à sa table : comme ils ne jugèrent pas à propos de faire leur profession de foi, il changea de conversation. Bien des hommes considérables, en effet, sont sortis de cette école. Quelques-uns s'en sont glorifiés, d'autres au contraire l'ont caché avec soin » (1). Tous, en effet, n'imitaient pas la modestie du sénateur M. Chevalier, et M. du Camp nous déclare que : les Saint-Simoniens étaient fiers de leur filiation ; ils avaient été « engendrés à la vie nouvelle » par des hommes dont ils prononçaient le nom avec respect » (2).

Un de ces hommes était Enfantin, qui, après 1852, va se consacrer entièrement aux chemins de fer. La Révolution de 1848 passée, il était revenu à la réalisation de ses projets industriels et il avait repris l'affaire de Suez ; il lui fallait vaincre l'indifférence de certains membres de la *Société d'études* et surtout l'hostilité de l'Angleterre, ennemie née de tous les progrès qui pourraient diminuer sa puissance maritime. A ce moment, intervint de Lesseps, qui avait renoué connaissance avec Enfantin ; on confia à ce diplomate tous les documents et il se chargea des négociations avec le sultan : en 1854, il obtenait la concession du canal. Mais

---

(1) Maxime de Camp, *Souvenirs littéraires*, t. II, p. 89.
(2) *Ibid.*, t. II, p. 89.

il renia alors Enfantin et Arlès-Dufour, et finalement ceux-ci ne firent pas partie de la *Compagnie Universelle* pour laquelle de Lesseps avait obtenu la concession. Enfantin se retourna alors vers les chemins de fer.

L'un des premiers actes du gouvernement fut la concession de la ligne de Paris à Lyon à une société qu'Is. Péreire avait organisée avec le concours de Rothschild : Péreire fut, du reste, un des administrateurs de cette compagnie, dont Ad. Jullien fut le directeur de l'exploitation.

En même temps, le gouvernement concédait à une autre société le chemin de fer de Lyon à Avignon.

Presqu'aussitôt Is. Péreire obtenait pour la compagnie de Paris à Lyon l'autorisation de se réunir à celle de Lyon à Avignon, qui était elle-même sur le point de se fondre avec la société concessionnaire des chemins d'Avignon à Marseille et du Gard ; mais, malgré les efforts de Péreire, la compagnie de Lyon ne sut pas ou ne voulut pas profiter de cette faveur.

Par contre, il y eut fusion des compagnies qui possédaient les lignes de Lyon à Avignon, d'Avignon à Marseille, du Gard, de Montpellier à Cette, de Montpellier à Nîmes. pour la signature de ces conventions Enfantin représentait la société du chemin d'Avignon à Marseille, et P. Talabot celle des chemins du Gard.

P. Talabot fut le directeur de cette compagnie de Lyon à la Méditerranée, et Enfantin en fut nommé administrateur ; d'autres Saint-Simoniens, Broët, G. West en firent également partie.

Deux ans après, en 1854, eut lieu la fusion de la compagnie de Dijon à Besançon et à Belfort avec celle de Paris à Lyon, et la nouvelle entreprise obtint, par la suite, la concession des lignes de Châlon à Dôle et de Bourg à Besançon, de La Roche à Auxerre, et de Dôle à Salins.

Ce fut également en 1852 qu'eut lieu la fusion des sociétés qui détenaient les chemins de Paris à Orléans, du Centre, d'Orléans à Bordeaux et de Tours à Nantes ; la compagnie ainsi formée obtint la concession de lignes de Châteauroux à Limoges, du Bec d'Allier à Clermont, de Poitiers à La Rochelle et à Rochefort, de Tours au Mans, de Nantes à Saint-Nazaire, de Nantes à Châteaulin. Ch. Didion se chargea de l'exécution des chemins de Poitiers à La Rochelle et à Rochefort et il fut pendant trente ans directeur de la compagnie de Paris à Orléans.

Is. Péreire ne s'était pas découragé à la suite de son échec pour la constitution d'une entreprise unique qui aurait détenu le réseau de Paris à la Méditerranée. En 1852, il fondait avec son frère le *Crédit Mobilier* en vue d'aider au développement de la grande industrie et de concourir à la formation d'associations puissantes : dans ce but, Em. Péreire avait déjà prêté son concours à la création du *Comptoir d'Escompte* et fondera en 1858 le *sous-comptoir des chemins de fer*.

Le *Crédit Mobilier*, c'était la réalisation de la banque commanditaire de l'industrie réclamée par le *Producteur*. « Ceux qui se sont tenus au courant des doctrines économiques de notre époque, écrivait en 1856 M. Forcade, sont frappés, en étudiant le système du Crédit Mobilier, d'y rencontrer, au moins à l'état d'essai, la réalisation de théories exposées, il y a trente ans, par une école d'économistes qui laissera dans le mouvement industriel de notre époque des marques souvent très utiles, et en tout cas très sensibles, de son influence, nous voulons parler de l'école saint-simonienne ». (1) Cet auteur montrait alors la similitude entre les idées d'Is. Péreire sur le *Crédit Mobilier* et les vues exposées par Enfantin dans le *Producteur*. Is. Péreire reconnaissait, d'ailleurs, que cette institution, en partie « née du besoin de centraliser le mouvement financier et administratif des grandes compagnies, et notamment des compagnies de chemins de fer », était, sous un de ses aspects, « société commanditaire de l'industrie ». (2)

S'appuyant sur cette banque, les Péreire créèrent le chemin de fer du Midi ; leurs relations à Bordeaux, la perspective des communications que cette ligne établirait avec l'Espagne et le Portugal, berceau primitif de leur famille, les poussèrent à solliciter en 1852 la concession des chemins de fer de Bordeaux à Cette, de Bordeaux à Bayonne et de Narbonne à Perpignan ; le conseil d'administration de cette entreprise fut présidé par Em. Péreire et compta parmi ses membres Is. Péreire et Ad. d'Eichtal ; Clapeyron en fut l'ingénieur-directeur avec Eug. Flachat, qui était déjà ingénieur en chef des chemins de fer de l'Ouest.

L'inauguration de la ligne de Bordeaux à Cette se fit en grande pompe, le 22 avril 1857, à Toulouse : deux trains, présidés l'un par Emile et l'autre par Isaac Péreire, partirent, l'un de Bordeaux, et l'autre de Cette pour arriver en même temps à Toulouse ; les deux frères, descendant alors des locomotives de chaque train sur lesquelles ils s'étaient placés, se jetèrent, par une inspiration spontanée, dans

---

(1) *Revue des Deux-Mondes*, 1er mai et 1er juin 1856, p. 301.
(2) *Rapport* présenté au nom du Conseil d'administration à l'assemblée générale des actionnaires du Crédit Mobilier, le 9 avril 1854.

les bras l'un de l'autre au milieu des applaudissements des spectateurs (1).

La compagnie du Midi obtint également la concession des lignes d'Agde à Lodève, de Toulouse à Bayonne, Agen, Tarbes, Mont-de-Rabastens. La région des Pyrénées, jusque-là très déshéritée sous le rapport des voies de communication, se trouvait ainsi dotée de chemins de fer.

En 1852, la compagnie du Nord, qui avait à sa tête de Rothschild et Em. Péreire, procéda à la fusion des concessions concernant les lignes de Paris à Lille, de Creil à Saint-Quentin et d'Amiens à Boulogne, qu'elle exploitait toutes trois. Elle obtint, en outre, la concession de chemins de Saint-Quentin à Erquelines, de Cateau à Somains, de la Fère à Reims, de Noyelles à Saint-Valery, de Paris à Creil, de Paris à Soissons, de Boulogne à Calais, d'Amiens à Tergnier, de Lille à Calais, de Chantilly à Senlis, etc... Ainsi se trouva constitué le réseau du Nord.

Deux compagnies puissantes, celles de Paris à Strasbourg et celle de Strasbourg à Bâle, et des sociétés secondaires se partageaient le réseau de l'Est : en 1853, les lignes de Montereau à Troyes et de Saint-Dizier à Gray furent réunies au réseau détenu par la société concessionnaire du chemin de Paris à Strasbourg, qui devint la compagnie de l'Est : elle obtint alors la concession des lignes de Paris à Mulhouse, de Nancy à Gray ; puis, en 1854, eut lieu la fusion de la compagnie de Strasbourg à Bâle avec celle de l'Est, et quelques années plus tard celle-ci réunissait à son réseau les chemins de fer de Mulhouse à Thann et des Ardennes et obtenait la concession de diverses autres lignes. Em. Péreire, qui fut l'un des administrateurs

______

(1) Is. Péreire, *La question des chemins de fer.*

de la compagnie de l'Est, lui prêta le concours du *Crédit Mobilier* pour la construction du chemin de Paris à Mulhouse. L'ingénieur-conseil était Em. Clapeyron : et un autre Saint-Simonien, F. Tourneux, s'occupa comme ingénieur des lignes du Jura.

De cette époque, enfin, date encore la compagnie de l'Ouest, qui se forma en 1855 par la fusion des diverses sociétés qui se partageaient le réseau de la Normandie et de la Bretagne : il comprenait les lignes de Paris à Saint-Germain, de Paris au Havre avec embranchement sur Dieppe et sur Fécamp, de Paris à Cherbourg, de Paris à Rennes et du Mans à Mézidon. Cette compagnie obtint, en outre, diverses autres concessions et s'engagea à construire plusieurs embranchements : d'Erquigny à Rouen, de Lisieux à Honfleur, d'Argentan à Granville, de Rennes à Brest, de Rennes à Redon, de Rennes à Saint-Mâlo, du Mans à Angers ; enfin elle se partagea avec le Nord la concession de la ligne de Rouen à Amiens. La compagnie de Paris à Saint-Germain avait été saint-simonienne par excellence, puisqu'on y trouvait Ad. et Gustave d'Eichtal, Em. Clapeyron, Lamé, Em. et Is. Péreire, Eug. Flachat. Les Saint-Simoniens furent encore nombreux dans la nouvelle compagnie de l'Ouest : Em. Péreire fut membre du conseil d'administration en même temps que du comité de direction ; et il prêta l'appui du *Crédit Mobilier* à cette entreprise.

Une autre grande compagnie était celle du Grand-Central : fondée en 1853 pour l'exploitation des lignes de Clermont à Montauban, de Limoges à Agen et de Lyon à Bordeaux, elle se réunit bientôt, avec l'appui du *Crédit Mobilier*, à la compagnie des chemins du Rhône à la Loire, qui dé-

Andrézieux et d'Andrézieux à Roanne, et qui était administrée par les frères Séguin. En 1855, la société du Grand Central obtenait de nouvelles concessions : lignes de Nevers à Corbeil, de Montargis à Corbeil, de Roanne à Lyon, de Saint-Germain-des-Fossés à Vichy, etc..., et, peu après, elle s'unissait à la compagnie du chemin de Montluçon à Moulins. Mais la situation du Grand Central était particulièrement difficile, enserré qu'il était entre les chemins de fer de Paris à Orléans, de Paris à Lyon et du Midi ; d'autre part, cette société avait épuisé son fonds social et elle avait encore à faire face à de grosses dépenses. Elle conclut alors, en 1857, une convention avec les trois compagnies de Lyon, d'Orléans et du Midi, pour leur rétrocéder ses lignes.

En même temps, les concessions des chemins de fer de Paris à Lyon et de Lyon à la Méditerranée étaient réunies entre les mains d'une seule compagnie, qui fusionna avec les sociétés concessionnaires des lignes de Lyon à Genève, et du Dauphiné. Par suite de la liquidation du Grand Central, la compagnie de Paris à Lyon et à la Méditerranée, désormais constituée, recevait la concession définitive des chemins de Nevers et de Moulins à Chagny, de Nevers à Montchanin, de Châtillon à Nuits, de Mouchard à Pontarlier, de Pontarlier à la frontière suisse, de Montbéliard à Delle sans parler de beaucoup d'autres concessions éventuelles.

Pour la même raison, la compagnie de Paris à Orléans devenait concessionnaire des lignes de Paris à Tours, de Nantes à la Vendée, de Bourges à Montluçon, de Toulouse à Lexos et à Albi ; elle acceptait aussi certaines concessions éventuelles.

Enfantin fut nommé membre du conseil d'administration

de la compagnie de Paris à la Méditerranée, ainsi qu'Is.
Péreire ; P. Talabot en fut le directeur.

Ainsi se trouvaient constituées, par des fusions dont les
Saint-Simoniens furent les premiers artisans, nos six grandes compagnies : leur situation allait être consolidée par
les conventions de 1859.

A la fin de 1857, le réseau français était, quant aux grandes lignes, presque complètement constitué ; il ne restait
plus à faire que les chemins intermédiaires, moins produc-
tifs.

Au moment de la liquidation du Grand Central, le gouvernement profita du remaniement que l'on faisait subir
aux cahiers des charges, pour mettre au compte des compagnies de nombreuses lignes qu'elles n'avaient point am-
bitionnées ; 2.586 kilomètres furent ainsi concédés en 1857.
D'autre part, en même temps que l'on aggravait les charges,
on supprimait les garanties d'intérêt et les subventions de
toute nature. Les compagnies n'étaient pas libres de refu-
ser toutes ces modifications aux conventions : et puis elles
étaient sous le charme des années prospères.

Mais, dans les derniers mois de 1857, éclata une crise
financière, qui s'étendit à toutes les places de commerce
et qui eut son contre-coup sur les chemins de fer : les transports diminuèrent, pendant que les actions se dépréciaient
et que le cours des obligations baissait. L'opinion publique
crut aussitôt à une décadence des chemins de fer ; on crai-
gnit que cette baisse n'allât sans cesse en augmentant, par
suite de la charge trop considérable assumée par les compagnies, et les capitaux hésitèrent de nouveau à s'engager
dans les entreprises de cette nature. Enfin, on ressentit
aussi les méfaits de la spéculation ; car l'essor des chemins

de fer sous l'Empire avait donné lieu à un agiotage sans mesure, et les spéculateurs avaient poussé leurs opérations jusqu'au jeu le plus effréné.

« La Bourse est nulle et triste, écrivait Enfantin en juin 1857 ; les appels de fonds en juillet sont énormes. Ce sont les chemins de fer qui pèsent d'un poids gigantesque, car je crois qu'en général toutes les autres affaires vont passablement. Toutefois je crois à de gros sinistres en automne ». (1)

Enfantin proposa alors de remplacer les compagnies concessionnaires par des compagnies fermières ; et il adressa à ce sujet une *Note à Sa Majesté l'Empereur*. « Cette transformation, dit-il, peut s'effectuer sans changer en aucune façon l'organisation intérieure des compagnies, sans toucher à leur personnel d'administration, d'entretien et d'exploitation, mais en leur enlevant la construction des chemins nouveaux pour la restituer, ainsi que la propriété de toutes les voies publiques, à l'Etat ». (2) En échange de leur actions et obligations, les actionnaires recevraient des titres de rente.

Seule cette réforme permettrait l'abaissement du prix des transports, « mesure la plus favorable au développement de la richesse publique, au bien-être des classes laborieuses, à la concurrence de l'industrie nationale contre l'industrie étrangère », car les sociétés concessionnaires ne consentiraient à une réduction notable des tarifs que si le gouvernement les garantissait des pertes qui pourraient en résulter pour elles.

De plus, avec le système des compagnies fermières, l'Etat

------

(1) *7.666*. Lettre du 29 juin 1857.
(2) *(Œuvres*, t. XXXV, p. 221.

recevrait, chaque année, un certain fermage et, absorberait, en outre, à son profit les sommes destinées par les compagnies à l'amortissement annuel de leurs actions et obligations, c'est-à-dire d'un capital d'environ cinq milliards.

Ce prélèvement annuel permettrait d'amortir la dette publique et les chemins de fer : on rachèterait ainsi presque toute la dette de l'Etat. D'autre part, pensait Enfantin, cette industrie n'attirait plus les capitaux par les chances aléatoires qui furent autrefois son attrait ; au contraire, une vague inquiétude pesait sur les actions et les obligations ; les porteurs ne demanderaient donc pas mieux que de liquider leur position et de porter ailleurs leurs capitaux.

La réforme demandée par Enfantin ne fut pas réalisée ; mais elle n'était pas absurde, et plusieurs pays étrangers ont pratiqué avec succès le système des compagnies fermières.

Une partie de l'opinion publique pensait aussi trouver dans le rachat des chemins de fer par l'Etat le remède à la situation critique des compagnies : tel n'était pas l'avis d'Eug. Flachat : dans un écrit sur *La situation des chemins de fer*, il s'élève contre cette tendance et montre que le rachat ne serait pas une solution.

Pendant ce temps, les compagnies se tournaient vers le gouvernement, qui accueillait favorablement leurs propositions : d'où les conventions de 1859, qui prolongèrent la durée des concessions et accordèrent la garantie d'intérêt pour la construction du nouveau réseau, composé de 8.578 kilomètres de lignes moins productives. Au 1ᵉʳ février 1859, le réseau français comprenait ainsi 8.701 kilomètres exploités et 7.651 kilomètres à construire ; et aux vingt-huit sociétés, qui se partageaient les chemins de fer au commencement de 1852, avaient succédé six grandes compagnies.

Après 1859, les Saint-Simoniens se consacrèrent à l'achèvement des grandes lignes qui n'étaient pas encore complètement terminées et à l'exécution du nouveau réseau ainsi qu'à l'administration de nos grandes compagnies, définitivement constituées.

Quant à M. Chevalier, il continua à traiter, avec une grande compétence, les questions se rattachant aux chemins de fer : en 1863, il prit part à une enquête sur leur exploitation, puis prononça à leur sujet d'intéressants discours au Sénat.

Cette complète réussite des Saint-Simoniens devait leur susciter des envieux et leur attirer de nouvelles critiques. Ce fut l'œuvre de Taxile Delord, dans les *Troisièmes pages du Journal le Siècle*, parues en 1861. « Les Saint-Simoniens écrivait-il, n'ont pas tardé à revenir aux moyens pratiques et à rentrer dans le monde, où on les reconnaît aisément à leur intelligence des hommes et des choses, à leur caractère aimable et bienveillant, à leur talent facile, spirituel, léger.... On trouve des Saint-Simoniens dans tous les partis... ministères, journaux, grandes entreprises financières et industrielles, théâtres, les Saint-Simoniens sont partout ». (1) Et l'auteur racontait cette anecdote qui avait cours parmi les financiers : « Vous ne réussirez pas, disait-on dernièrement à un industriel qui fondait une grande industrie, vous n'avez pas de Juifs dans votre compagnie. — Rassurez-vous, répondit-il, j'ai deux Saint-Simoniens. »

Ces railleries s'adressaient surtout à Enfantin, qui avait

____

(1) T. Delord, *Les troisièmes pages du journal le Siècle*, p. 112.

« pris sa retraite dans un conseil d'administration de chemin de fer... Oui, Messieurs, Saint Paul s'est fait administrateur ; il passe tous les mois à la caisse ; il signe la feuille d'émargement sous le pseudonyme de Prosper Enfantin (1).

« Raillons ce pape en manches de lustrine qui, transformant un fauteuil en trône, un bureau de chemin de fer en Vatican, propose à César de partager avec lui l'empire du monde... En attendant, le Saint-Simonisme chante victoire... les intérêts matériels passent avant les intérêts moraux ; je suis la religion de ce temps-ci ! Une religion, non ; une science, à la bonne heure ! la science des affaires. Celle-là, vous la possédez au plus haut degré : vous en avez l'instinct et le génie. Bourse, chemins de fer, banques, sociétés en commandite, usines, voilà votre domaine ; n'en sortez pas, si vous voulez conserver votre influence » (2).

Et Proud'hon écrivait : « M. Péreire est le représentant et le chef du principe saint-simonien de féodalité industrielle qui régit en ce moment notre économie nationale. »

La mort allait peu à peu décimer ces Saint-Simoniens : le 31 août 1863, elle frappait leur ancien chef, Enfantin : et sur sa tombe, Guéroult prononçait ces paroles, qui résumaient toute l'œuvre du Père en matière de chemins de fer et caractérisaient l'œuvre de l'école : « Un réseau idéal de chemins de fer jeté sur l'Europe et sur l'Asie, les isthmes percés mettant en communication des mondes inconnus l'un à l'autre, l'économie politique renouvelée et fécondée,... telle fut, de 1825 à 1832, l'œuvre originale et puissante dont Enfantin fut l'âme et le principal inspirateur. » Plus tard,

---

(1) *Ibid.*, p. 114.
(2) *Ibid.*, p. 117.

« des compagnies rivales se disputaient une de nos grandes
lignes de chemin de fer ; il trouva une combinaison qui
concilia tous les intérêts » (1).

Et un économiste qui ne peut être suspecté de partialité,
Henri Baudrillart, écrivait à propos de la *Mort du Père
Enfantin* : « Le développement de notre industrie, la création de nos voie ferrées, la vive impulsion donnée au crédit,
et, ce qui est encore au-dessus, la pensée philosophique et
civilisatrice qui se dégage de tous ces faits mieux compris
et embrassés dans une synthèse plus compréhensive, portent
l'empreinte visible de cette école dont les côtés chimériques
ont seuls péri » (2).

Nous ne nous sommes naturellement préoccupés dans
cette étude que des Saint-Simoniens qui jouèrent les premiers rôles sur la scène des chemins de fer ; mais, à côté
de ces administrateurs et directeurs de compagnies, de ces
ingénieurs en chef, plusieurs Saint-Simoniens remplirent
des emplois plus modestes et prêtèrent leur concours à l'industrie des chemins de fer. Ainsi, quelques anciens disciples
s'adressèrent, vers 1846, et ensuite vers 1852, à Enfantin
pour lui demander de leur procurer une position dans l'une
des compagnies qu'il administrait ; en particulier, le Père
fit entrer au Paris-Lyon-Méditerranée son fils Arthur
Enfantin, et c'était tout naturel.

Nous n'avons aussi prononcé les noms que de ceux sur
lesquels les Saint-Simoniens exercèrent une influence directe ; mais à côté de ceux-là, combien d'autres que nous
ne connaissons pas, subirent l'influence de cette école.

---

(1) *Œuvres*, t. XII, p. 253.
(2) *Journal des Economistes*, 31 août 1864.

« N'êtes vous pas même certain, écrivait Enfantin en 1850, que de même que nos théories ont enfanté, depuis 1832, une foule de propagateurs ignorés de nous, notre pratique, du moment qu'elle porterait notre germe, engendrerait ses réalisateurs, également ignorés de nous peut-être » (1).

____

(1) 7.638. Lettre à Arlès, du 20 janvier 1850.

CHAPITRE X

Les Saint-Simoniens et les chemins de fer à l'étranger.
Conclusion.

Rôle à l'étranger de : Em. et Is. Péreire, Talabot, Tourneux, Barrault. — Résumé de l'œuvre accomplie par les Saint-Simoniens. — Examen des critiques qu'on leur a adressées.

———

« Les Anglais (ingénieurs) viennent faire des chemins en France, écrivait Enfantin à P. Talabot en 1844, et iraient en exécuter au bout du monde, tandis que tous nos ingénieurs français n'oseraient pas concevoir la pensée d'en exécuter un kilomètre en Suisse, en Italie, en Espagne, en Allemagne, à deux pas de notre frontière. Resterons-nous éternellement moutards à ce point ? Je ne le crois pas, mais vous paraissez en être convaincu. Si vous voulez, je vous parie deux sous que ce seront pourtant des Français qui feront le canal de Suez » (1). Si P. Talabot a tenu le pari, Enfantin a gagné ses deux sous ; il eut pu en gagner quatre, s'il avait parié que les ingénieurs français iraient faire des chemins de fer à l'étranger. Car les Saint-Simoniens ne se contentèrent pas de doter la France d'un réseau très complet

———

(1) *7.613.* Lettre du 18 juillet 1844.

de chemins de fer ; plusieurs d'entre eux collaborèrent dans une large mesure à l'exécution des réseaux étrangers.

Avec le concours du *Crédit Mobilier*, qui en France avait aidé les compagnies de l'Est, de l'Ouest, du Midi, du Grand Central, du Dauphiné, de Rhône et Loire, etc., et leur avait prêté 1.500 millions en moins de cinq années (1), Em. et Is. Péreire créèrent : en Autriche, le chemin de fer de la frontière de Saxe au Bas-Danube qui traversait dans toute leur longueur la Bohème et la Hongrie ; les chemins dits de l'Empereur François-Joseph, en Hongrie ; les lignes du Central et de l'Ouest, en Suisse ; les chemins de fer russes, qui comprirent 4.000 verstes de lignes, de Saint-Pétersbourg à Varsovie et à la frontière prussienne, de Moscou à Nijni-Novgorod et à la mer Noire, d'Orel à Dunabourg ; les chemins de Cordoue à Séville, les lignes du Nord de l'Espagne, de Madrid à Paris et à la ligne de Santander. Is. Péreire administrait, comme président ou vice-président des conseils d'administration siégeant à Paris, les chemins autrichiens de la frontière de Saxe au Bas-Danube, la Grande Société des chemins russes, les lignes de Cordoue à Séville et du Nord de l'Espagne. Et les lignes de voies ferrées ou fluviales, à l'administration desquelles Em. Péreire prenait part, représentaient en 1856, tant en France qu'en Autriche, en Suisse et en Espagne, plus de 10.000 kilomètres de parcours. (2)

En même temps, P. Talabot s'occupait des chemins de fer du Sud en Autriche ; des lignes de Lombardie et du Piémont, en Italie ; et des chemins de fer d'Algérie.

---

(1) Eug. Boutillier-Cassin, *Notice sur la Société générale de Crédit mobilier.*

(2) Théophraste, *Etudes critiques et biographiques : Em. Péreire*, p. 30.

Félix Tourneux prenait une grande part à la construction des voies ferrées espagnoles et suisses ; et Fournel deviendra, plus tard, administrateur des chemins de fer du Nord de l'Espagne.

Enfin, Em. Barrault exposait dans ses écrits les progrès des chemins de fer russes (1) et espagnols (2). D'autre part, en présence du premier échec du canal de Suez, il avait publié une *Note sur le chemin de fer de Constantinople à Bassorah par Alexandrette*, et le projet de cette grande entreprise, destinée à relier les mers d'Asie avec la Méditerranée, avait été soumis à Napoléon III par les frères Séguin.

Ainsi les Saint-Simoniens contribuaient à exécuter ce vaste réseau européen, cet immense système méditerranéen dont M. Chevalier avait posé les bases.

Apprendre à l'opinion publique ce qu'étaient les chemins de fer ; mener en faveur de leur exécution une active propagande couronnée de succès ; éclairer les ingénieurs et les pouvoirs publics sur leurs avantages et sur leur mode d'exécution ; préciser le rôle de l'Etat en matière de chemins de fer et indiquer de quelle façon il pouvait le plus utilement prêter son concours à l'industrie privée ; collaborer d'une façon prépondérante à la création du réseau ; amener par des fusions la fondation des grandes compagnies et poser les bases de leur organisation : telle fut l'œuvre des Saint-Simoniens.

« Hommes de science et de travail, écrit M. Pinet, les Saint-Simoniens ont racheté leurs illusions et leurs erreurs par leur sens profond du progrès réel, et l'on reconnaît à

____

(1) Barrault, *La Russie et ses chemins de fer.*
(2) Barrault, *Le chemin de fer du Nord en Espagne.*

présent que ce sont eux qui, par la façon dont ils ont abordé les problèmes d'industrie, de progrès matériel, d'expansion internationale, ont donné son immense essor au mouvement industriel qui caractérisa le XIX° siècle » (1). Et cet auteur ajoute : « Les Polytechniciens saints-simoniens...ont porté pour la plupart les ressources de leur intelligence du côté du travail producteur...; ils ont borné leur ambition à percer les continents, à joindre les fleuves, à relier les villes par des communications rapides. Notre pays leur doit ses voies ferrées, ses voies de navigation... Ce sont les institutions de crédit qu'ils ont provoquées, les grandes compagnies financières et industrielles qu'ils ont créées qui ont amené l'immense développement du commerce et de l'industrie » (2).

Mais cette immense œuvre, ne l'aurait-on pas entreprise sans eux ? ne l'ont-ils pas accomplie dans un intérêt purement personnel ?

Des chemins de fer auraient certainement é.   ités en France, même en l'absence des Saint-Si   ens : l'exemple et la concurrence des pays étrangers nous y auraient poussés. Mais combïen d'années plus tard le réseau aurait-il été commencé ? Aurait-il été aussi rapidement achevé ? Le gouvernement ne serait-il pas tombé dans les graves erreurs que les Saint-Simoniens dénoncèrent ? Enfin, à quelle époque se seraient effectuées les fusions, qui assurèrent l'essor des chemins de fer en France ? Se seraient-elles faites en 1852 ou ne s'opéreraient-elles qu'à l'heure actuelle, comme en Angleterre et aux Etats-

----

(1) *Revue de Paris*, 15 mai 1894, p. 73.
(2) *Ibid.*, p. 95.

Unis ? Autant de questions auxquelles il est impossible de répondre, mais qu'il est permis de poser.

Quant à rechercher si les Saint-Simoniens ne se sont pas lancés dans la carrière des chemins de fer, poussés par un intérêt purement personnel, c'est chose plus aisée.

Ils ne séparèrent pas, au début, leurs vues politiques de leurs vues industrielles. Et il n'y a aucune contradiction entre cette affirmation et ce qu'écrivait Enfantin en mai 1848 : « Quand je suis rentré dans le monde par les chemins de fer, j'ai présenté mes projets à Rothschild, aux Talabot, sans la moindre prétention de faire par là œuvre pratique d'apostolat et de réforme, mais uniquement pour rentrer avec le droit de parler et d'agir au même titre que tous,... pour montrer que mes idées d'organisation sociale n'étaient pas sorties d'une tête folle, mais d'une tête aussi sage que celle des Rothschild et des Talabot » (1).

Enfantin pensait donc qu'en participant d'une façon éclatante aux grandes entreprises contemporaines, les Saint-Simoniens apparaîtraient comme les plus habiles praticiens du siècle ; on cesserait alors de les repousser comme des utopistes et ils pourraient enfin faire triompher leurs idées, des préventions amassées contre le Saint-Simonisme.

Enfantin crut, en 1848, que le moment de la réalisation était enfin arrivé ; il vit dans le *Crédit* l'instrument de propagande nécessaire pour répandre ses idées religieuses et sociales. Plusieurs de ses amis, notamment Ariès-Dufour, le plaisantèrent même à ce sujet ; ce qui n'empêcha pas Enfantin d'écrire à Arlès en 1850 : « N'est-il pas certain que vous avez cru comme moi, lors de février, que le mo-

______

(1) *Œuvres*, t. XII, p. 115.

ment de la pratique de nos grands rêves, de la réalisation positive de nos sublimes systèmes, approchait ? » (1)

Plus tard, quand Enfantin voit la fortune lui arriver par les chemins de fer, il ne se laisse pas éblouir. « Je cherche presqu'exclusivement comment je pourrais gagner de l'*argent*, afin d'avoir le droit de parler religion » (2), dit-il en 1852. Quand il estima qu'il avait assez gagné d'argent pour cela, il parle, en effet, religion ; et ses dernières œuvres sont la *Science de l'homme* et la *Vie Eternelle*, où il ne s'occupe que de questions religieuses.

Même en ne considérant que le rôle joué par Enfantin en matière de chemins de fer, on a des preuves de son désintéressement. Il s'occupe de cette industrie, parce qu'il est persuadé que « l'ordre industriel se fondera par les chemins de fer. » (3) Quoiqu'administrateur de compagnies, c'est-à-dire intéressé à leur indépendance, il approuve l'ordonnance de 1846, sur la police, la sûreté et l'exploitation des chemins de fer, ordonnance contre laquelle protestèrent toutes les compagnies. « Vous savez aussi, écrit-il en juillet 1846, qu'on nous prépare, au ministère, un règlement d'administration publique pour les chemins de fer : il y a là des dangers, mais il y a là aussi un bon côté à développer, puisqu'il s'agit de lien à établir entre l'Etat et les compagnies afin d'améliorer la compétence de l'Etat dans les grandes affaires d'intérêt public et de faciliter ainsi l'organisation politique de l'industrie » (4).

Intéressé au maintien des compagnies, il en propose cependant la suppression à deux reprises, en 1848 d'abord

---

(1) 7.*628*. Lettre du 20 janvier 1850.
(2) 7.*336*. Lettre du 2 février 1852.
(3) 7.*666*. Lettre du 10 septembre 1846.
(4) 7.*647*. Lettre du 18 juin 1846.

quand il demande le rachat des chemins de fer par l'Etat, et en 1859 ensuite, quand il préconise la transformation des sociétés concessionnaires en compagnies fermières.

Aussi croyons-nous pouvoir dire qu'Enfantin n'obéit pas à un mobile intéressé en s'occupant d'affaires industrielles ; à moins que ce ne soit un mobile intéressé que de chercher à se « concilier par des œuvres utiles, positives, matérielles, l'affection, la considération de peuples qui ne lisent et ne discourrent pas et qui ne sont frappés que par les actes, les choses, les faits et non les idées » (1).

Quelle fut, du reste, exactement l'importance du rôle joué par Enfantin dans l'industrie des chemins de fer, en comparaison de celui joué par ses disciples ? C'est chose assez difficile à apprécier, et lui-même le reconnaissait. « Il y a quelques années, écrivait-il en 1846, plusieurs personnes ont prétendu que des hommes tels que MM. Michel Chevalier, Péreire, Flachat, Fournel, Duveyrier, Barrault, P. Leroux, Reynaud et bien d'autres étaient des satellites tournant autour de la grosse planète qui vous écrit : c'était l'opinion des savans.

« Les ignorans disaient : La grosse planète sait jouer au billard, mais ne sait pas parler comme MM. Barrault, Laurent, Transon, Reynaud, Charton ; elle sait fumer, mais elle ne sait pas écrire comme MM. Michel Chevalier, Duveyrier et d'Eichtal ; elle sait boire et manger, mais elle ne connaît pas les affaires comme MM. Rodrigues, Péreire frères, Flachat, Fournel, Clapeyron, financiers et ingénieurs habiles ; cette grosse planète est tout simplement une bonne fille que ces coquins de Saint-Simoniens ont mise à leur tête pour enjôler le public et lui faire croire (les

____

(1) 7.671. Lettre de 1832.

scélérats) qu'eux aussi sont de bons enfants. » Les savants et les ignorants se sont trompés ; car « si les chefs entraînent, ils sont aussi poussés » (1). Enfantin a entraîné tous ces financiers et ces ingénieurs ; cependant à certaines heures, ce sont eux qui l'ont poussé.

Mais ces disciples ont-ils été aussi désintéressés que leur maître ? Est-il vrai qu'ils « n'ont échappé à la théocratie que pour se réfugier finalement dans la féodalité financière, et tomber de Charybde-Enfantin en Scylla-Péreire » (2) ?

Nous ne le croyons pas : les Saint-Simoniens se sont, au début, lancés dans les affaires industrielles, en obéissant au même mobile qu'Enfantin ; seulement ils se sont assez vite aperçus qu'il n'y avait pas un lien obligatoire entre leurs vues politiques et leurs vues industrielles, et que l'organisation du pouvoir spirituel n'était pas la condition indispensable de l'organisation du travail industriel. C'est alors que le Saint-Simonisme renonça à ses principes pour appliquer directement ses idées industrielles, et que des théoriciens du pouvoir spirituel devinrent tout simplement fondateurs ou administrateurs de compagnies de chemins de fer. Mais il est une maxime essentielle à laquelle ils restèrent toujours fidèles : travailler à l'amélioration physique et morale de la classe la plus pauvre.

« Michel Chevalier, les Péreire, d'autres encore, dit Jules Simon, furent les Saint-Simoniens d'après 1832, fidèles à tout ce qu'il y avait de solide et de puissant dans l'école, débarassés seulement de la vie en commun, des formules mystiques, remplaçant la destruction violente par la trans-

____

(1) 7.617. Lettre du 9 novembre 1844.
(2) E. Fournière, *Les théories socialistes au XIXe siècle*, p. 115 (Paris, 1904).

formation progressive, et respectant les principes fondamentaux de l'ordre social, tout en donnant plus d'élasticité à leurs applications. Ses compagnons (de M. Chevalier) dans cette voie s'attachèrent surtout à se faire une grande place dans le monde des affaires ; il s'en fit une dans le monde de la science » (1).

Sans doute les Saint-Simoniens s'enrichirent et, après avoir vécu dans une pauvreté voisine de celle dans laquelle Saint-Simon avait terminé ses jours, ils jouirent d'une opulence semblable à celle dans laquelle leur maître avait commencé par vivre. Mais s'ils ont fait fortune, c'est en enrichissant la France, en procurant au pays une source abondante de prospérité. L'individu, en se laissant guider par son intérêt personnel, travaille dans l'intérêt de la société ; en consacrant son activité au développement du bien-être social, l'individu aboutit, naturellement, à favoriser ses intérêts personnels : ce sont là les conséquences heureuses de l'ordre économique qui nous régit.

Du reste, ceux qui reprochèrent aux Saint-Simoniens de s'être occupés de chemins de fer, parce qu'ils réussirent dans leur participation à cette industrie, leur reprochèrent-ils de s'être occupés du canal de Suez ? Non, parce qu'Enfantin et ses amis ne trouvèrent dans cette entreprise que déboires, parce que leurs efforts ne furent point couronnés de succès. La réussite est donc la raison de ces critiques.

Lamartine, en 1848, ayant émis des appréciations injustes sur le Saint-Simonisme, Enfantin lui répondit par une lettre rendue publique, dans laquelle on relève ce passage : « Mais qui avez-vous donc connu, depuis vingt ans

---

(1) J. Simon, *Notice historique sur la vie et les travaux de Michel Chevalier*, p. 68.

que vous étudiez le socialisme, qui ait pu vous inspirer les injures que vous nous prodiguez ?

« Sont-ce les Péreire et les Flachat parce qu'ils ont les premiers doté la France de chemins de fer, avec le concours de nos amis Clapeyron, l'ingénieur, et Lamé, l'académicien ? Sont-ce tous ces ingénieurs de premier ordre, Didion, Borrel, Bazaine, Chaperon, Parandier, Boucaumont, Boulanger, Job, Capella et tant d'autres qui viennent aussi de nous, et qui ont mis la main et attaché leur nom à tous les grands travaux de la France depuis vingt années ? » (1)

En somme, ce qu'on reproche surtout aux Saint-Simoniens, c'est d'avoir préféré l'industrie à la science, c'est d'avoir passé à la pratique après s'être consacrés à la théorie. Or, voici ce qu'Enfantin écrivait à ce sujet dès 1847 : « Tant qu'on croira que la science est au-dessus de l'industrie, que la théorie vaut mieux que la pratique, c'est-à-dire tant qu'on subalternisera l'une à l'autre, il y aura lutte entre ces deux faces de la vie humaine, parce que cette subalternisation n'est ni juste selon la science, ni utile selon la pratique, ni voulue par la volonté aimante de Dieu. Vous-même vous subissez évidemment cette prévention contre l'industrie, contre la pratique, puisque vous dites que vous ne mettez pas Rothschild à la hauteur d'Arago ; car, même comme savant, Arago est bien loin d'être à la hauteur de Rothschild comme industriel, et je prends ce dernier mot avec toute sa valeur d'immoralité même que vous voudrez bien lui donner. La science d'Arago que l'irréligion, l'égoïsme, l'ambition, l'envie, l'anarchie, au moins autant, selon moi, que la richesse de Rothschild est parfumée de ces senteurs de fumier ; je dirais presque qu'elle le pue davantage vu

---

(1) 7.670. Lettre du 15 septembre 1840.

le préjugé, la prévention qui attache encore à la science un cachet de noblesse et de sainteté que tout savant devrait respecter, tandis que l'industriel est bien un peu excusable de croire (vu ledit préjugé) qu'il fait œuvre ignoble et presqu'impure en gagnant de l'argent. C'est ce préjugé qui est la première cause de l'immoralité qui règne dans l'industrie ; c'est lui qui s'oppose à ce que tout ce qui a de la noblesse dans l'âme hésite à entrer dans ce temple du travail, la bourse, pour y installer la dignité du travailleur, pour y consacrer la sainteté du génie industriel initiateur et adorateur du Créateur des Mondes, de l'ouvrier divin, de l'Eternel Prolétaire » (1).

A ceux qui reprochent aux Saint-Simoniens d'avoir fait passer les intérêts matériels avant les intérêts moraux (2), on peut répéter ce qu'Enfantin répondait à son ami Maxime du Camp, qui lui disait qu'il n'entendait rien ni aux questions économiques, ni aux questions industrielles, ni aux questions financières : « Tu dédaignes les financiers et les industriels : c'est un fait commun à presque tous les écrivains et tous les artistes ; tu trouves sans doute qu'ils vivent sur un fumier et qu'ils font l'aide besogne : soit ; mais lorsque leur besogne est terminée, lorsque leur fumier est balayé, que vois-tu à la place même qu'ils occupaient ? Des canaux, des ports creusés, des villes assainies, des quartiers neufs et hygiéniques, des forêts défrichées, des chemins de fer, des relations établies de peuple à peuple, des intérêts communs qui affaibliront le goût de la guerre chez les nations......... C'est par l'industrie, c'est par la fi-

------

(1) 7.617. Lettre de 1847 (feuillet 163).
(2) Thureau-Dangin, *Histoire de la Monarchie de Juillet*, t. I, p. 241.

nance que la civilisation frappe ses plus grands coups » (1).

Aujourd'hui que la besogne est terminée, nous voyons un vaste réseau de chemins de fer, qui a profondément transformé les conditions de la production et de l'échange ; ce réseau, ce sont les Saint-Simoniens qui l'ont en grande partie exécuté ; reconnaissons-le, et applaudissons-nous de ce qu'ils n'ont réalisé de leur doctrine que ce qui pouvait servir à l'amélioration de la condition des hommes.

Et précisément s'il est moins honorable de s'occuper des intérêts matériels que des intérêts moraux de la société, félicitons-nous de ce que d'autres que nous aient pourvu à ces intérêts matériels.

---

(1) Maxime du Camp, *op. cit.*, t. II, p. 87.

Vu :
Le Doyen,
LYON-CAEN.

Vu :
Le Président de la thèse,
A. DESCHAMPS.

Vu et permis d'imprimer :
Le Vice-Recteur de l'Académie de Paris,
L. LIARD.

TABLE DES MATIERES

La Rochelle, Imprimerie Nouvelle Noël Texier et Fils